Josse Bailly
I Love Wiener Dog

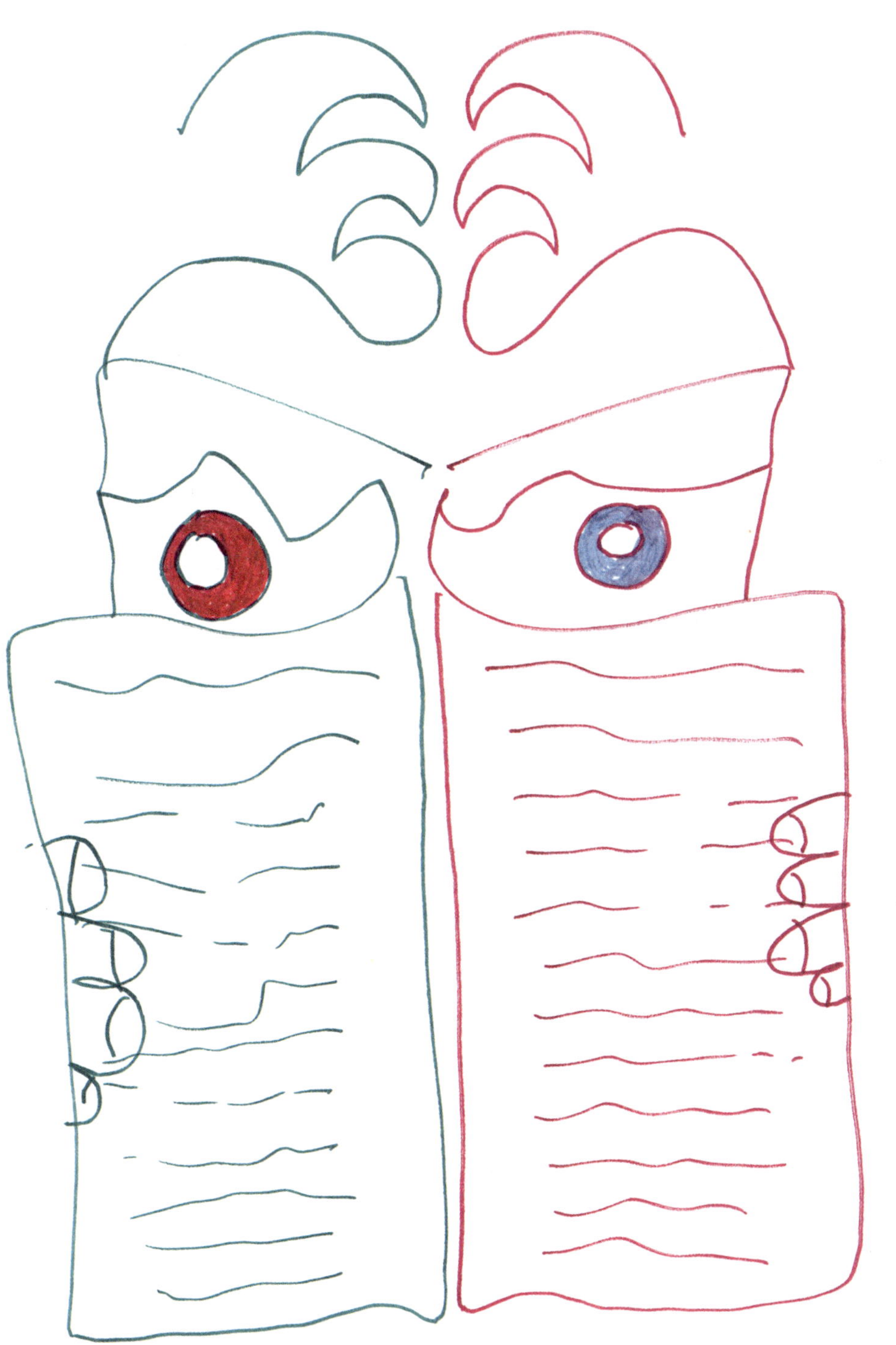

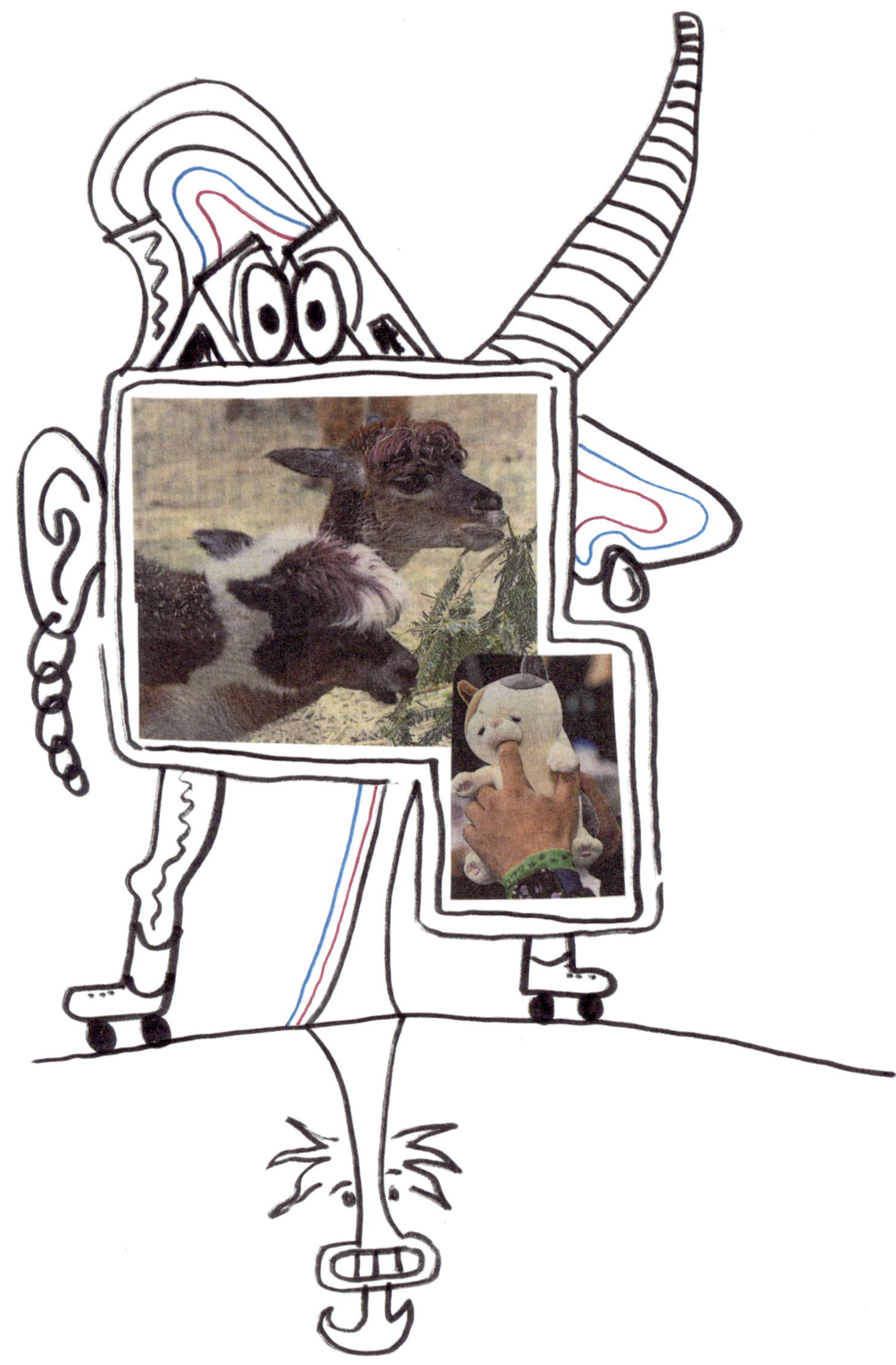

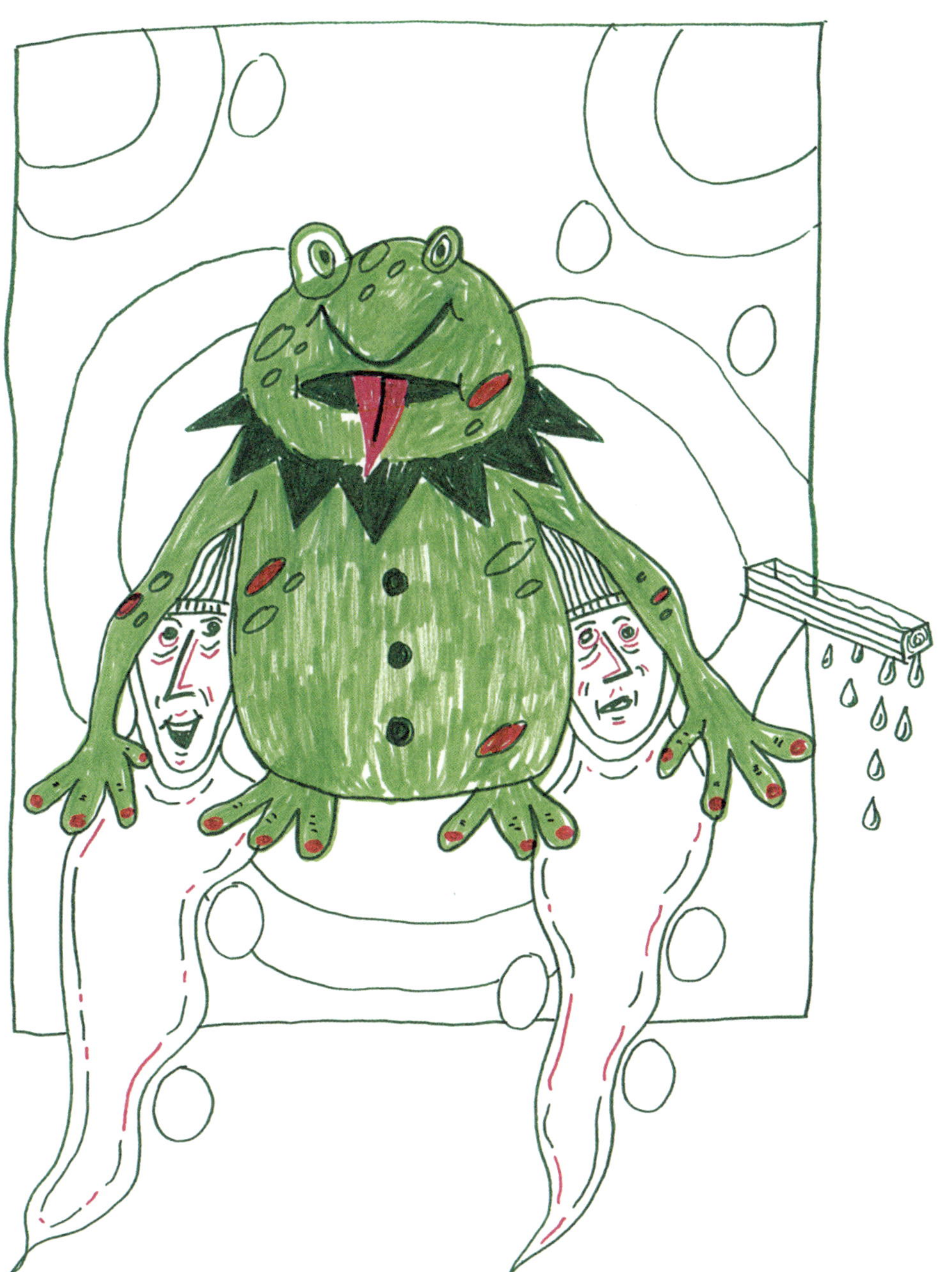

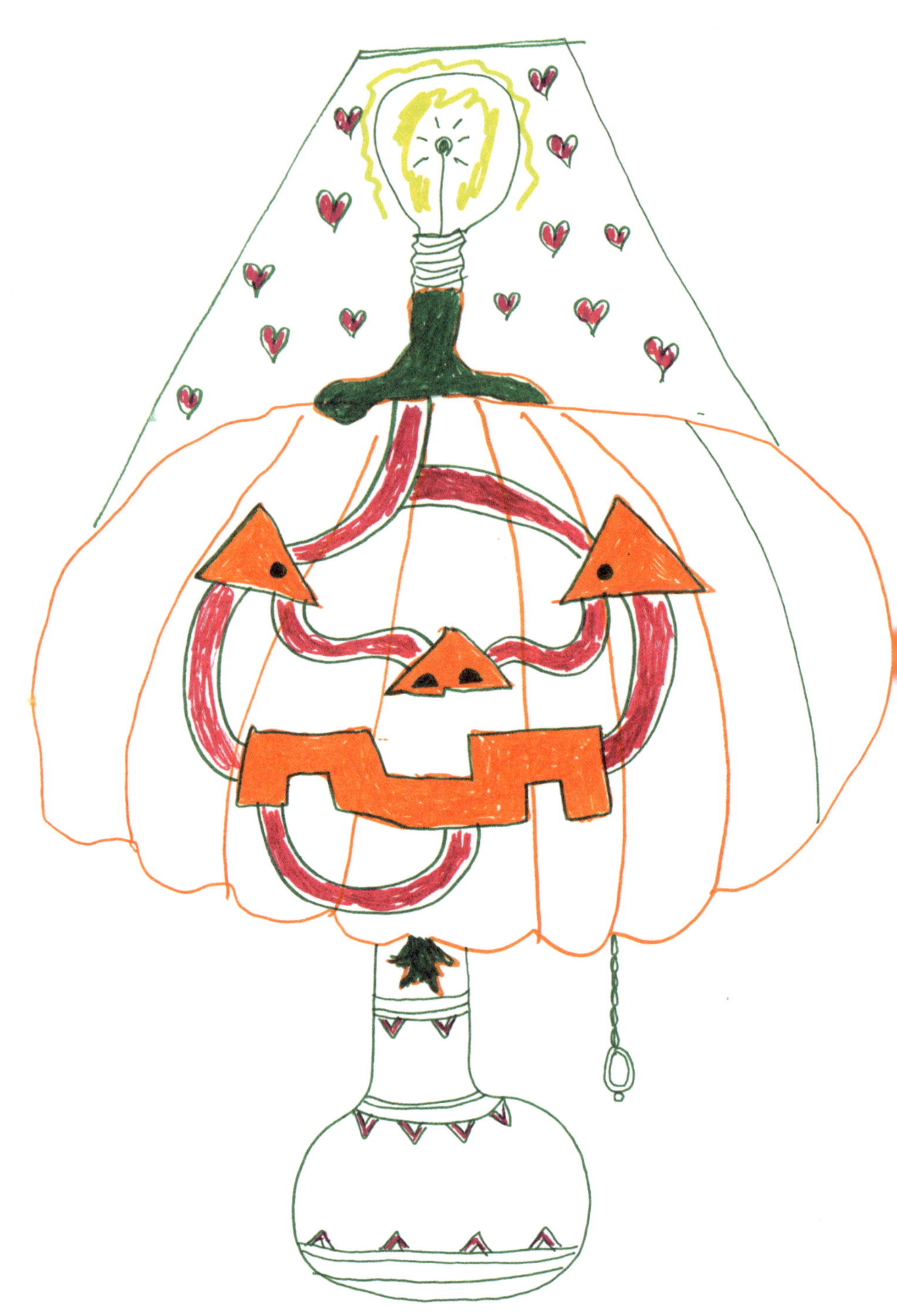

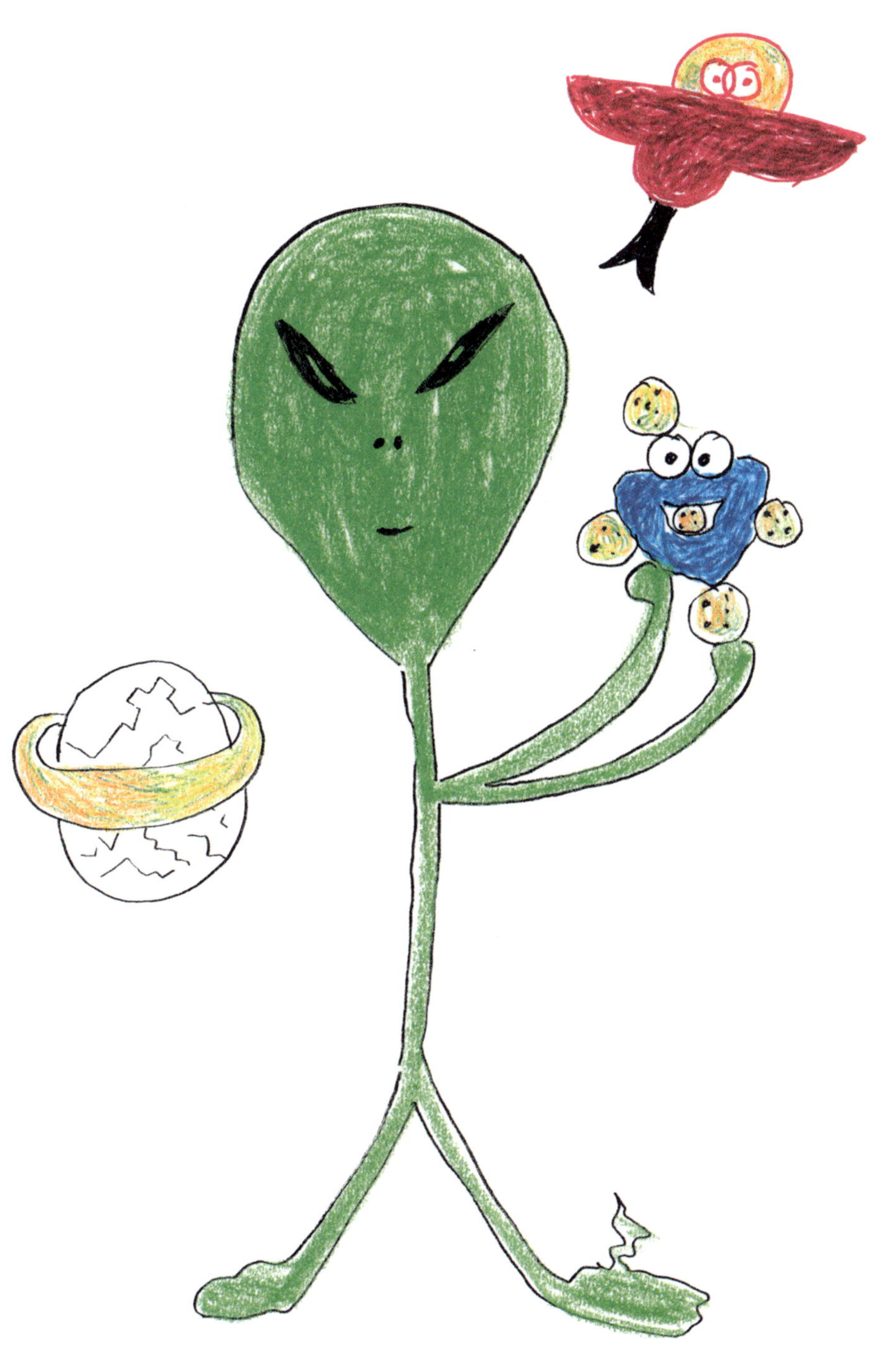

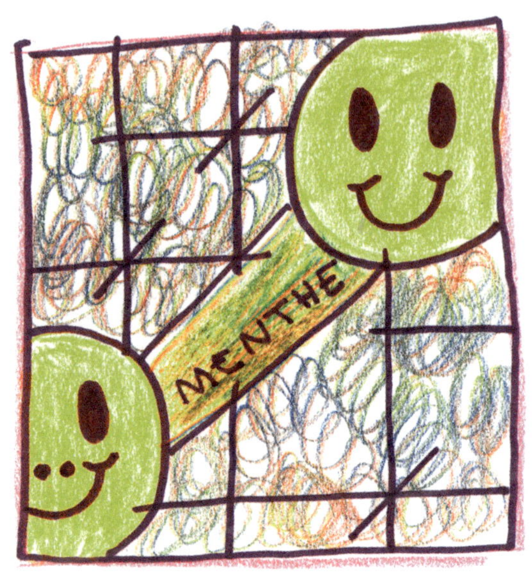
MENTHE

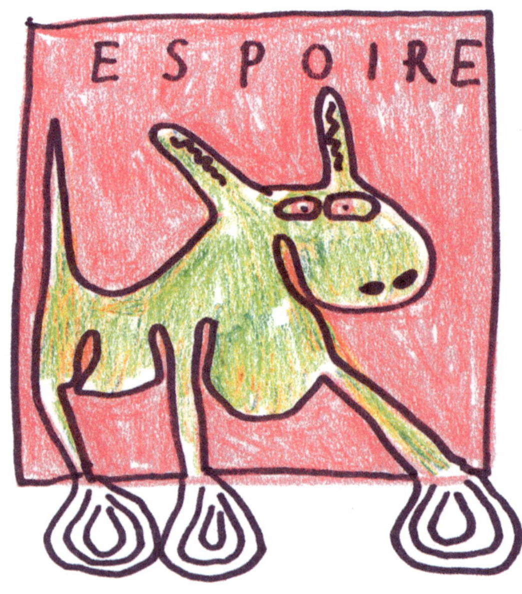
ESPOIRE

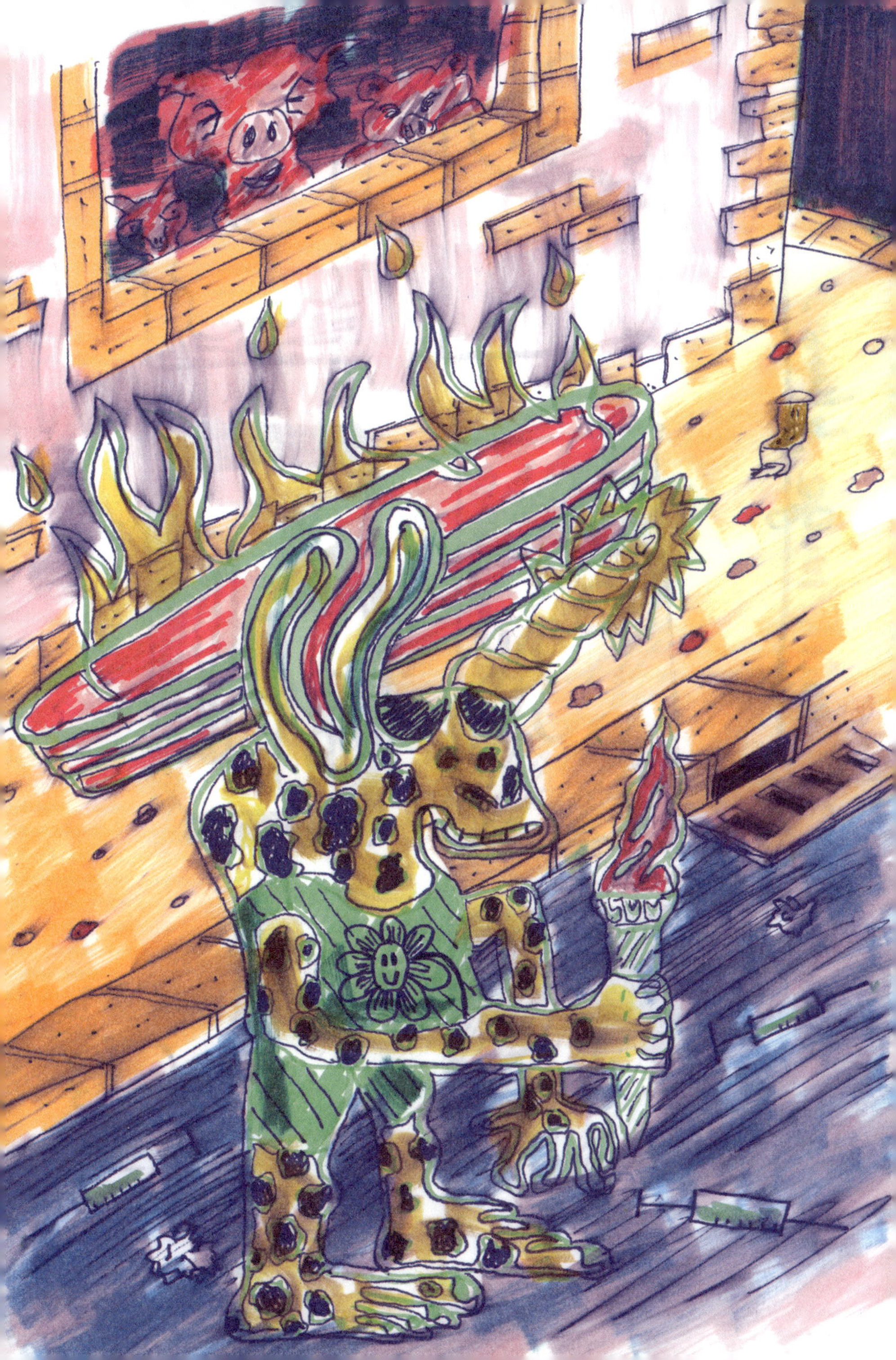

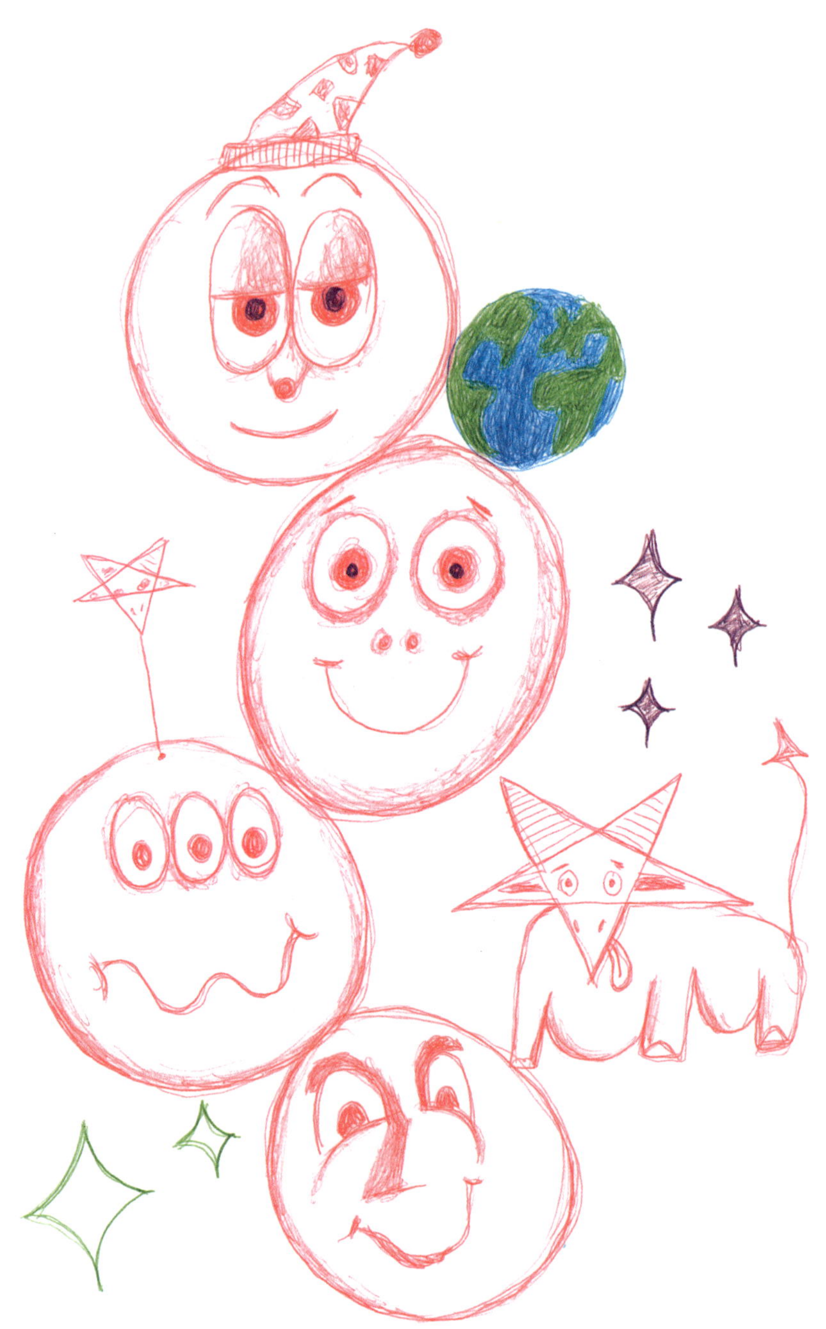

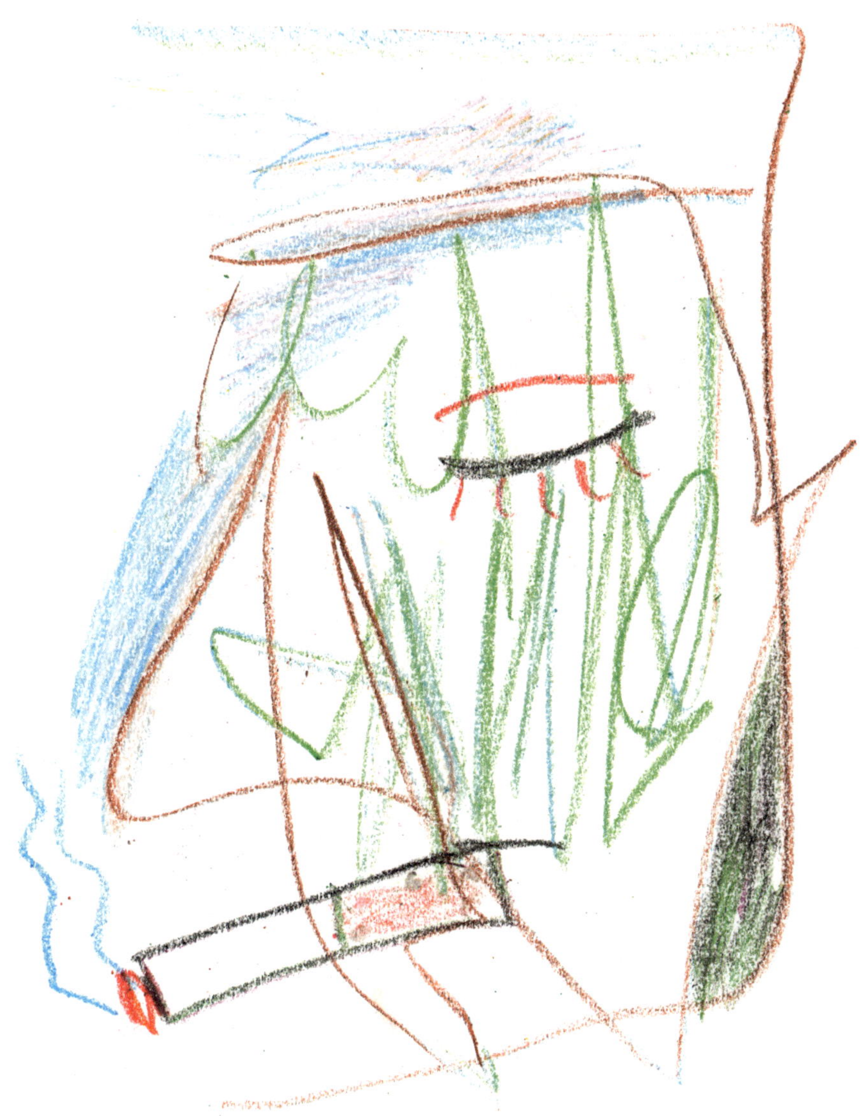

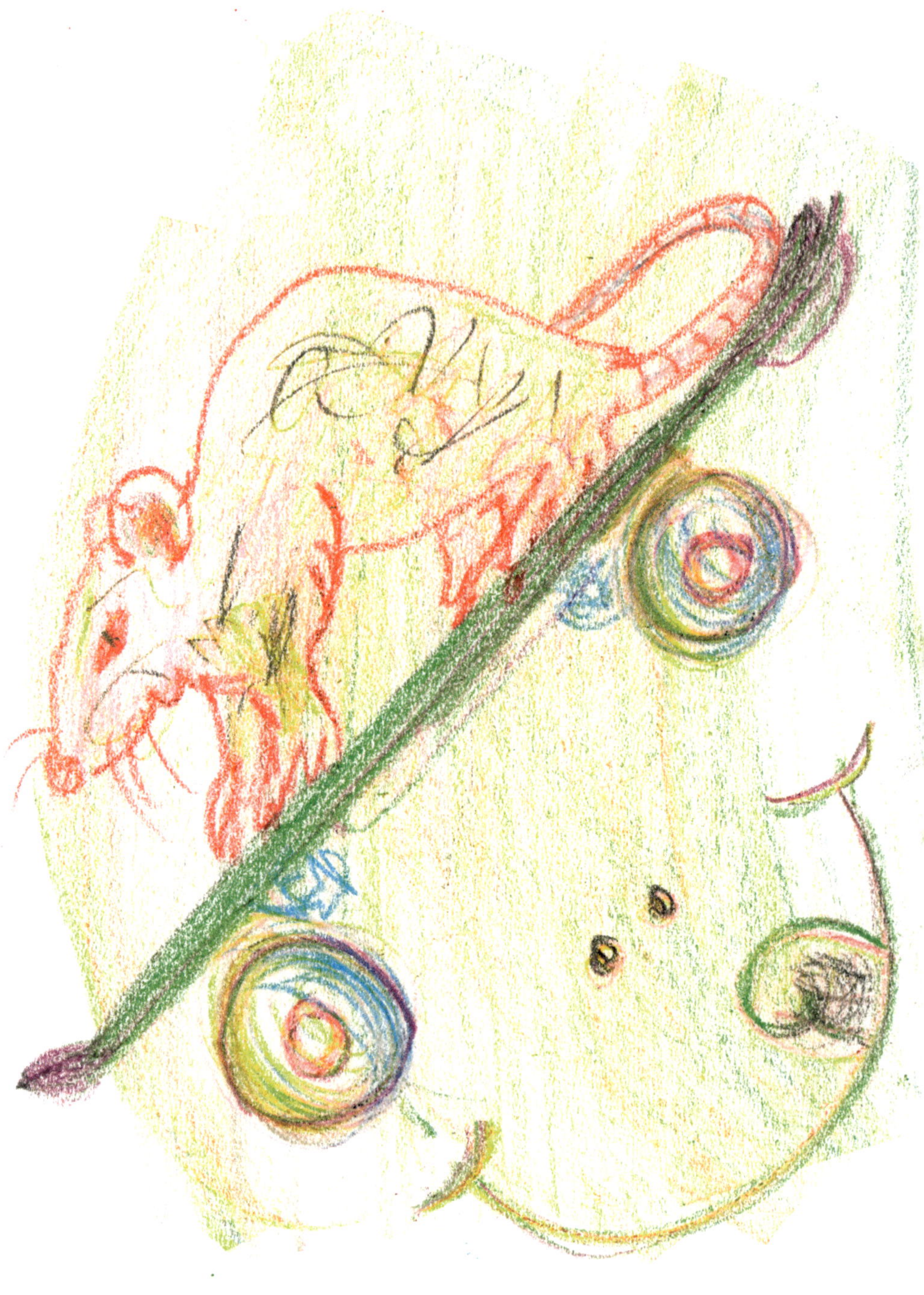

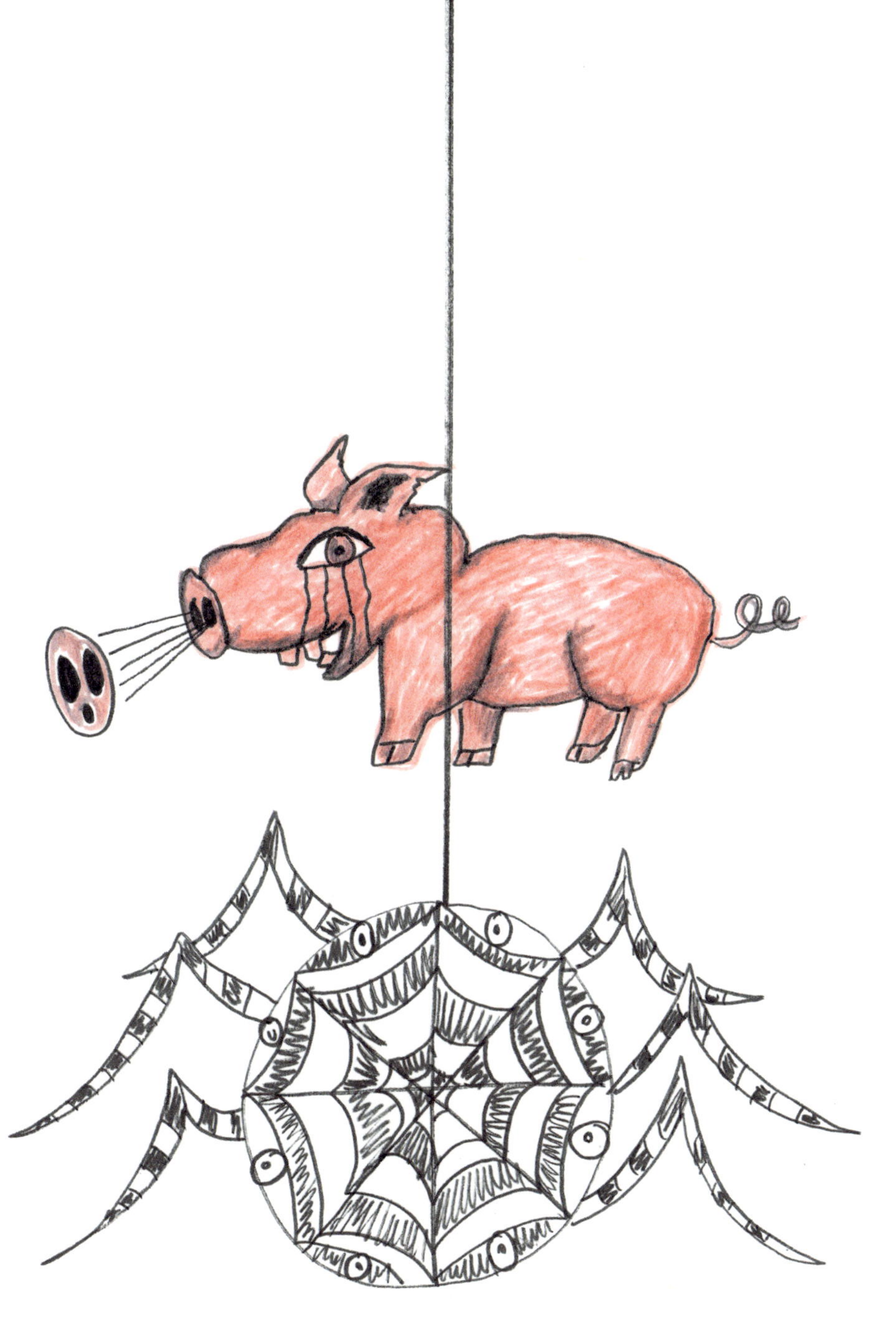

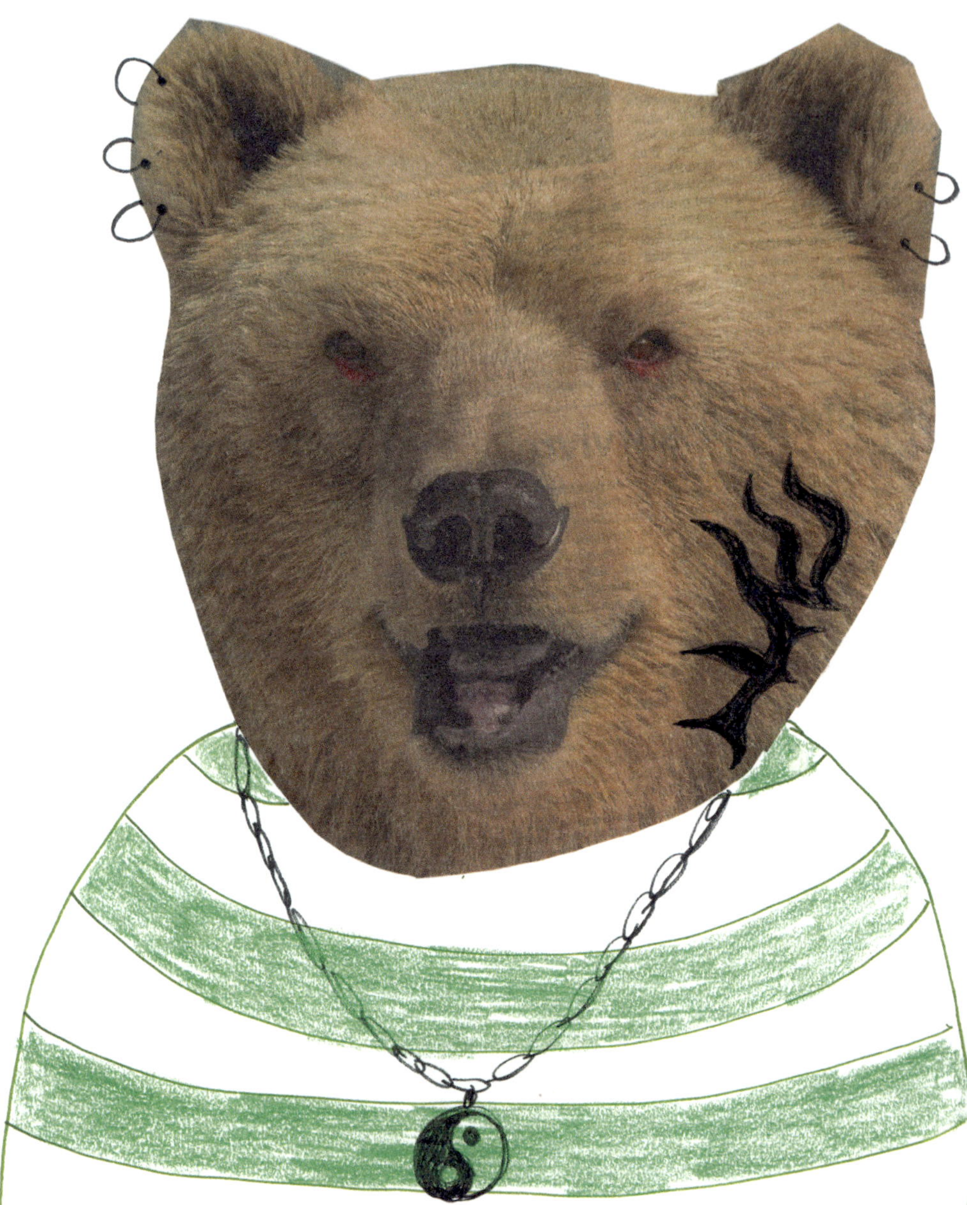

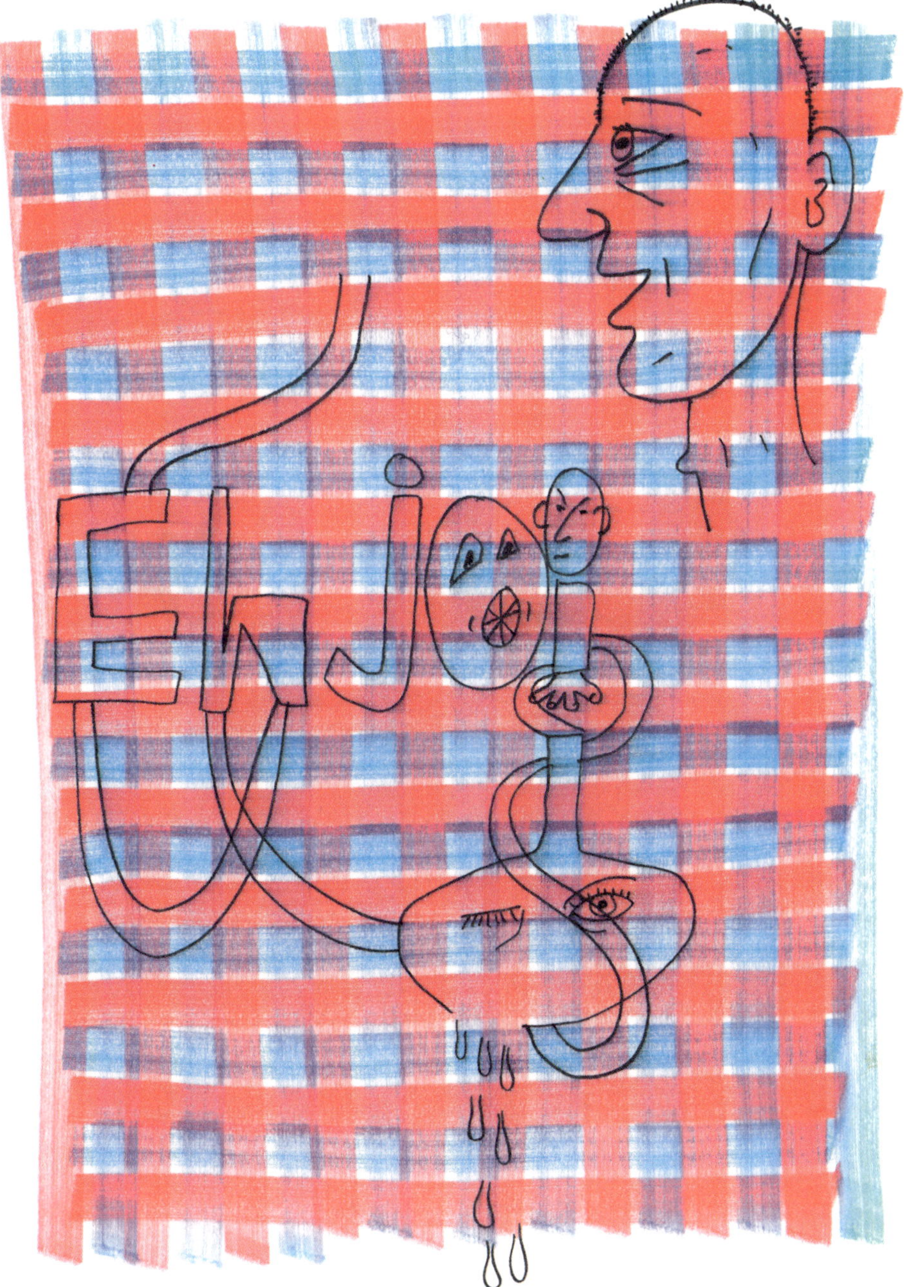

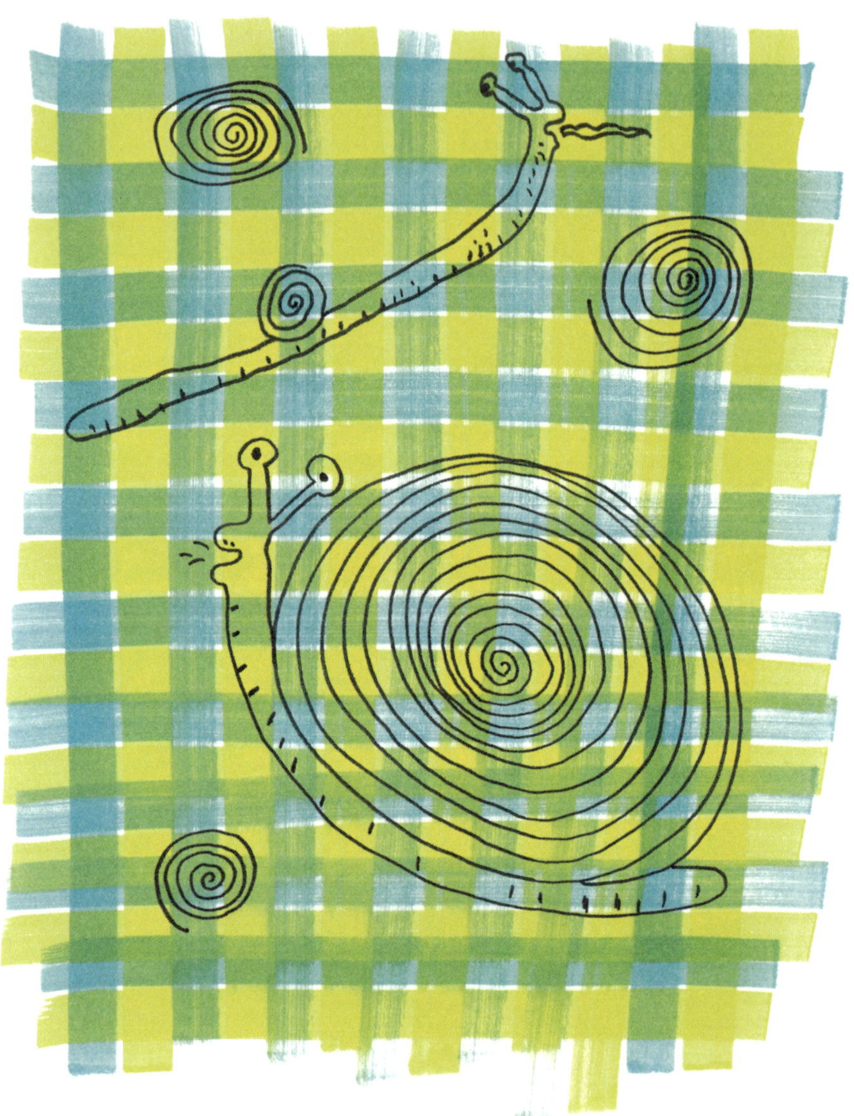

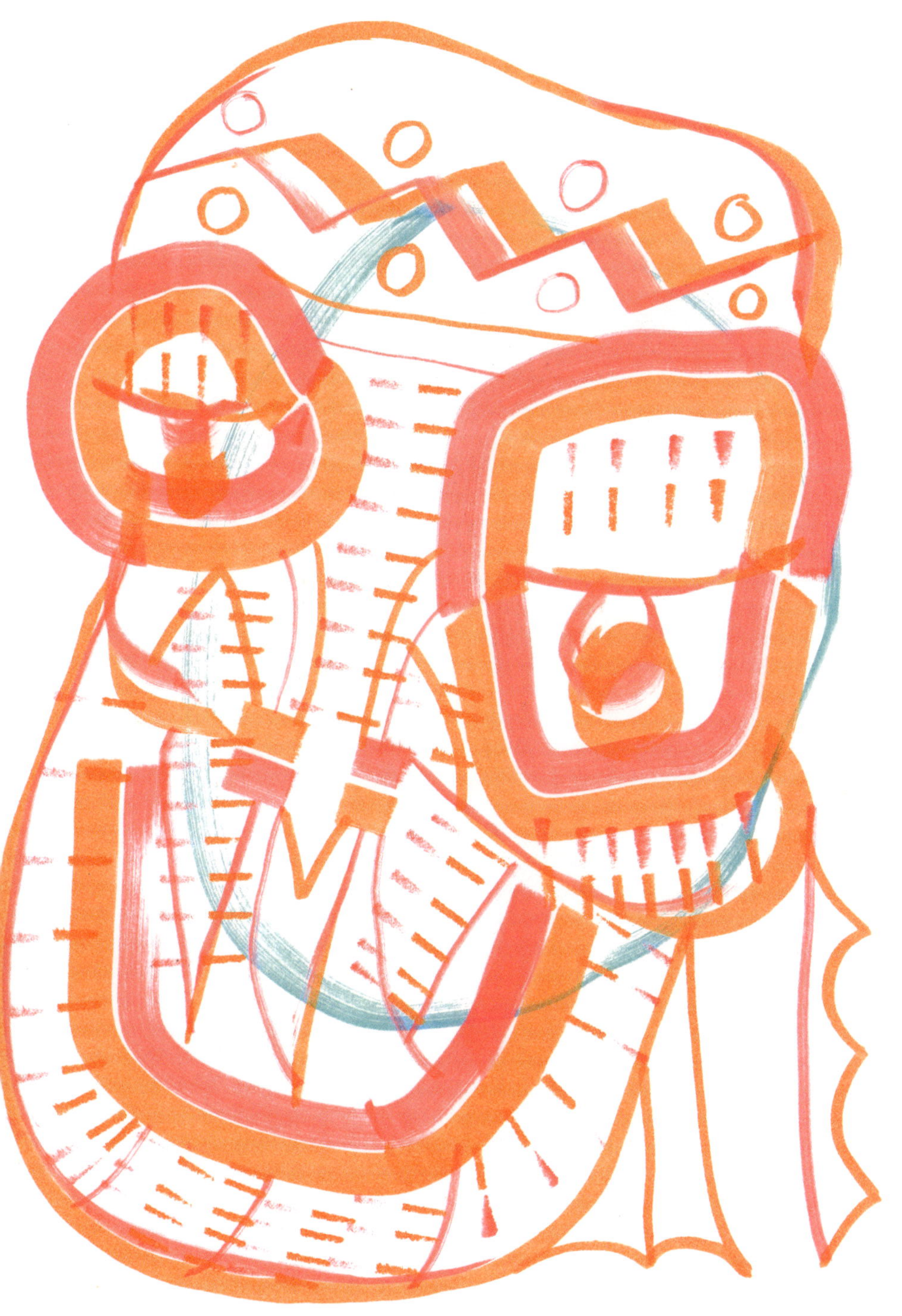

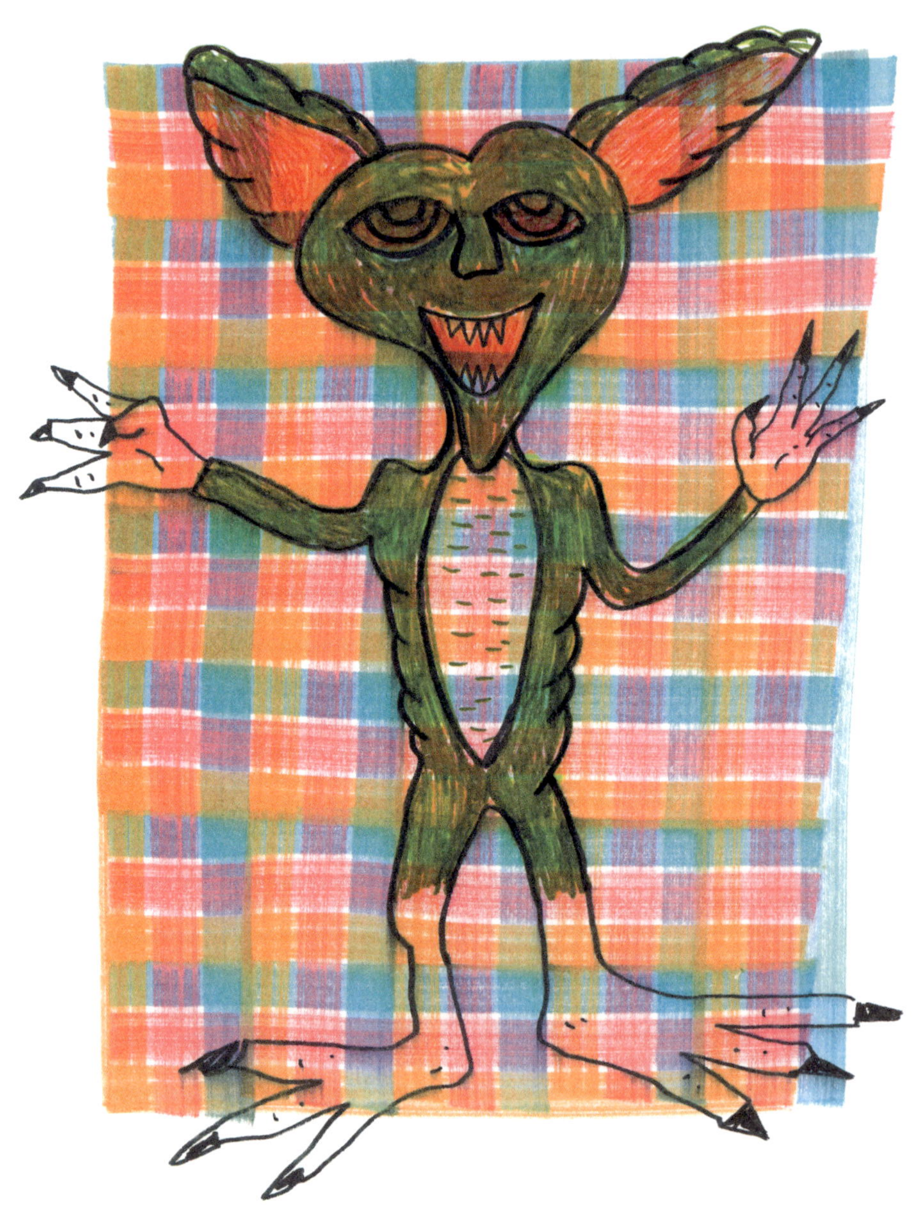

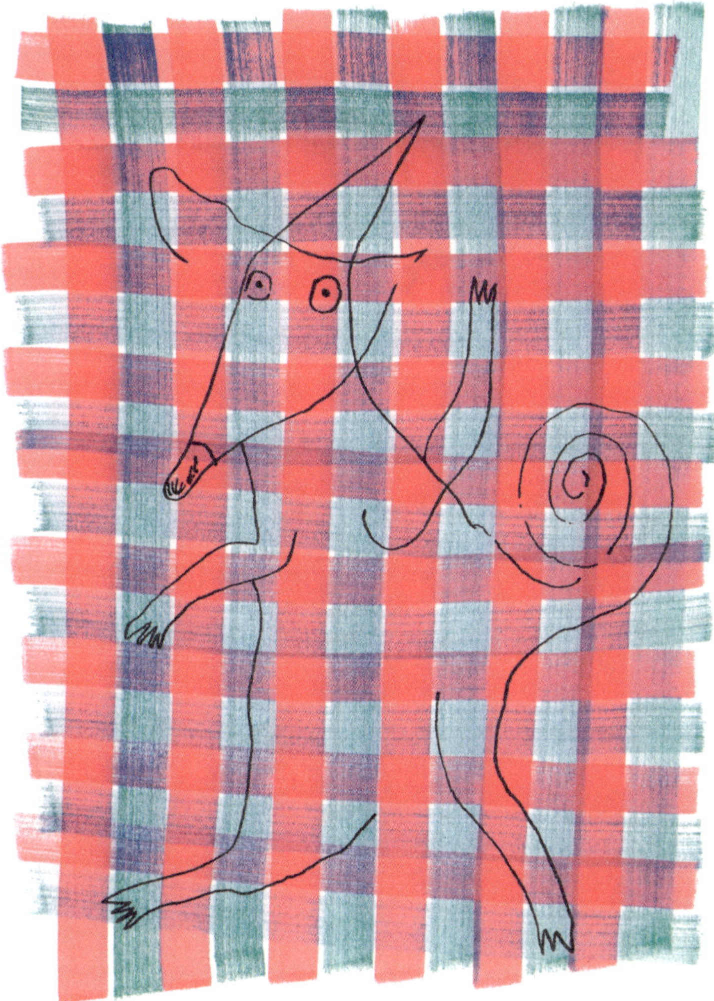

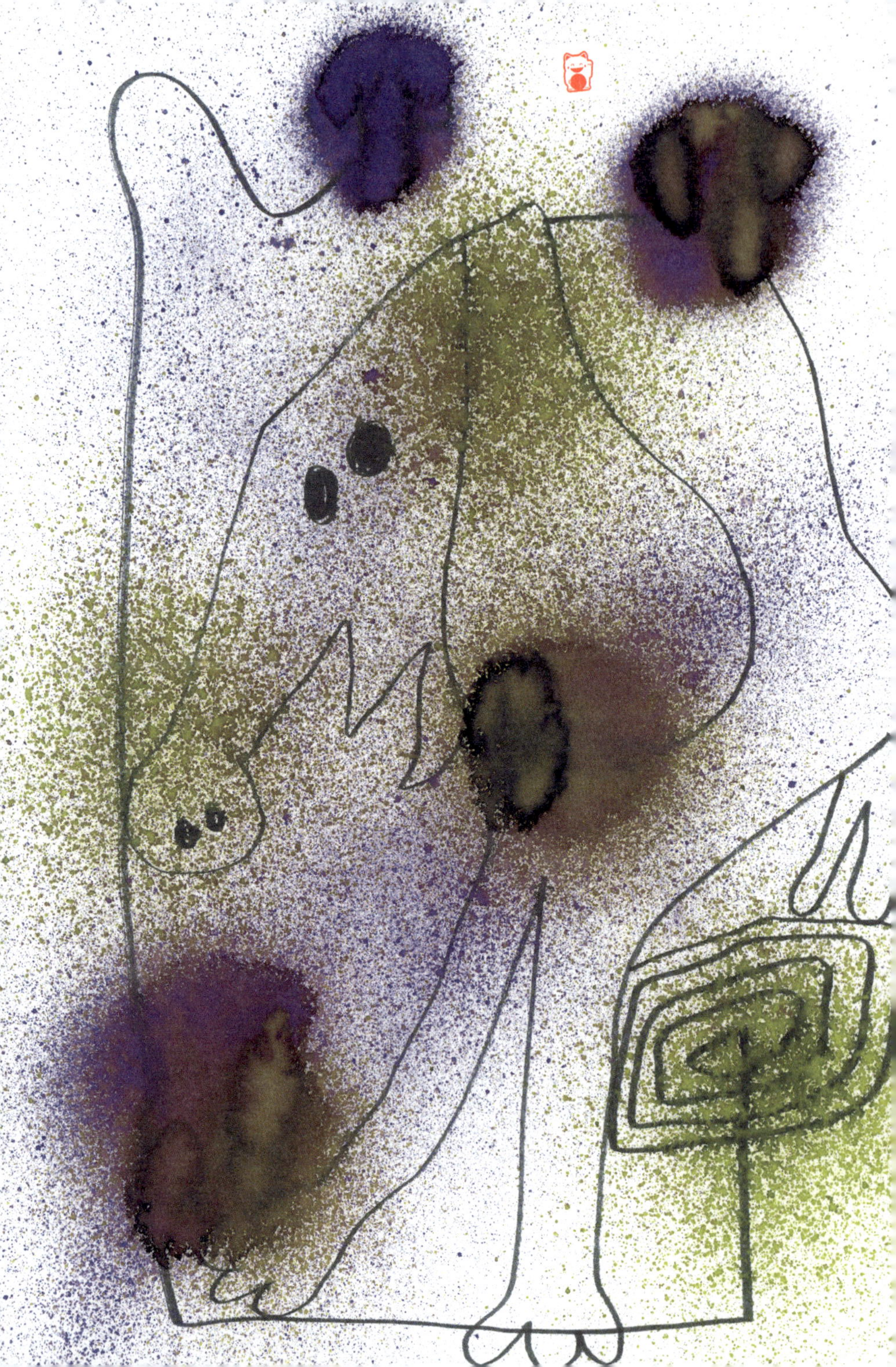

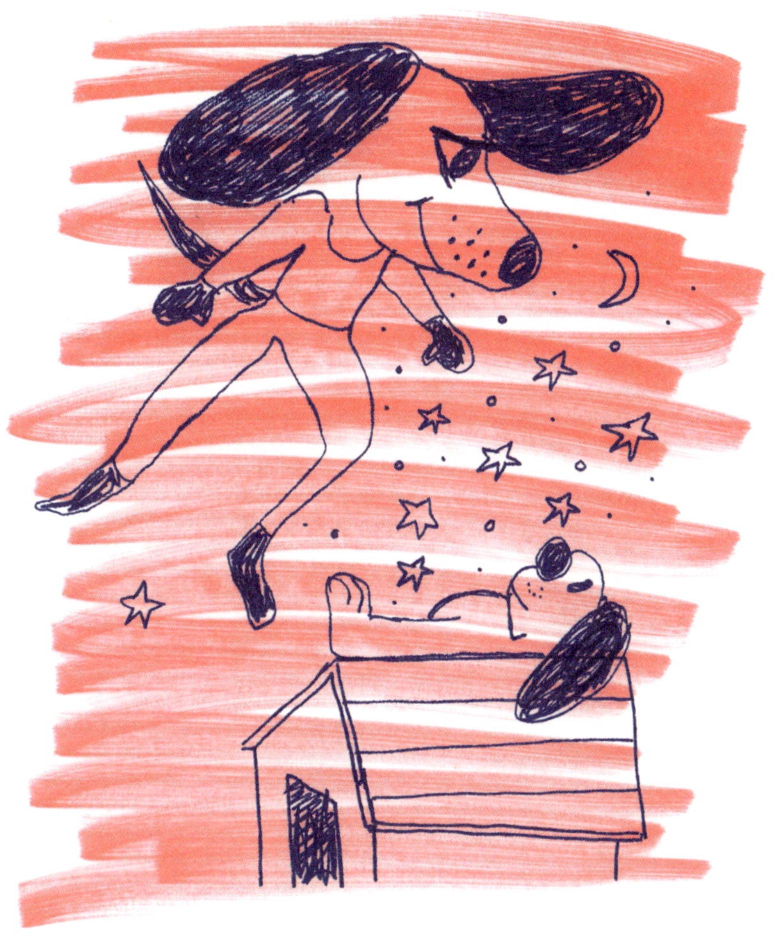

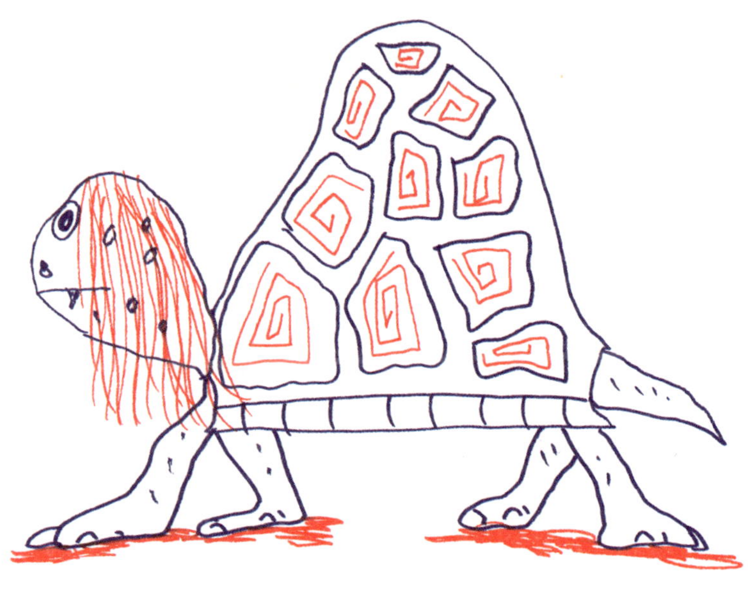

Push Mongo

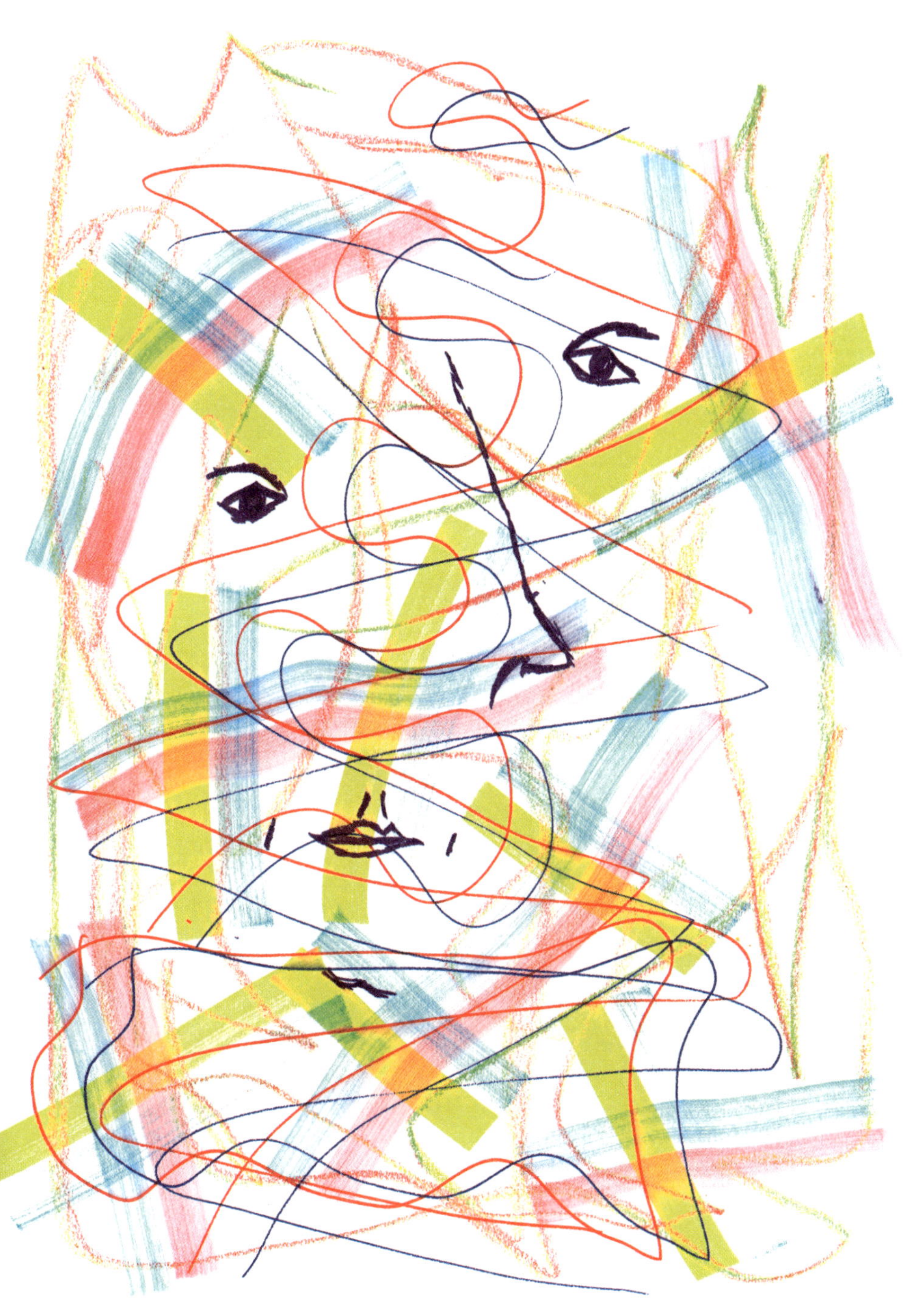

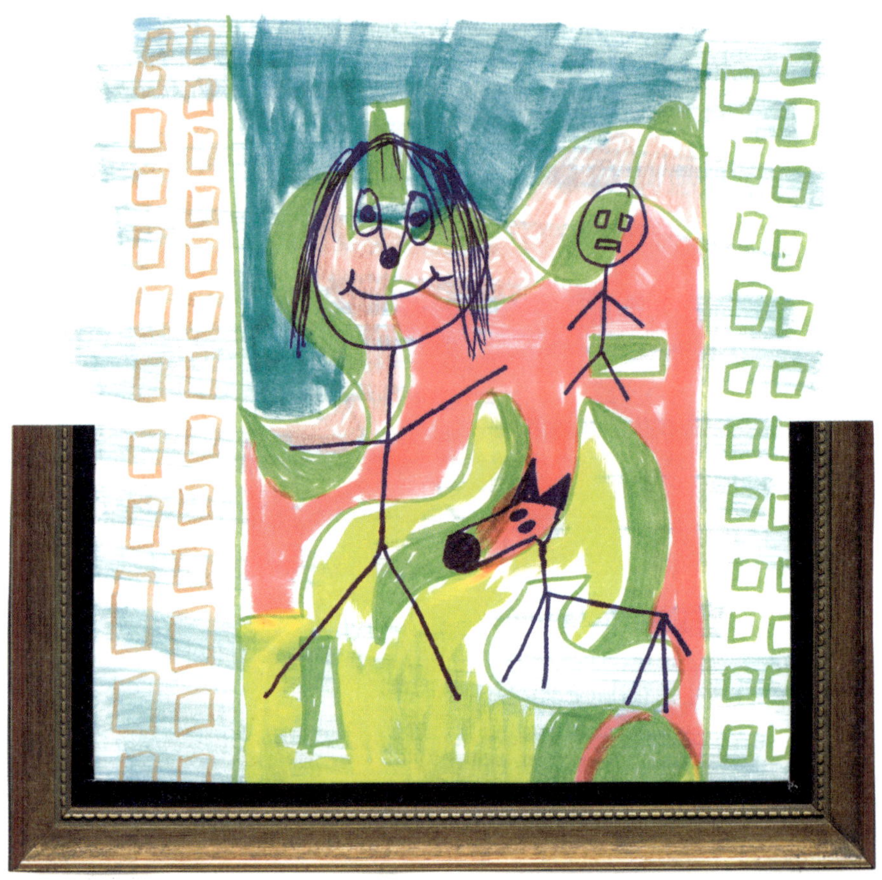

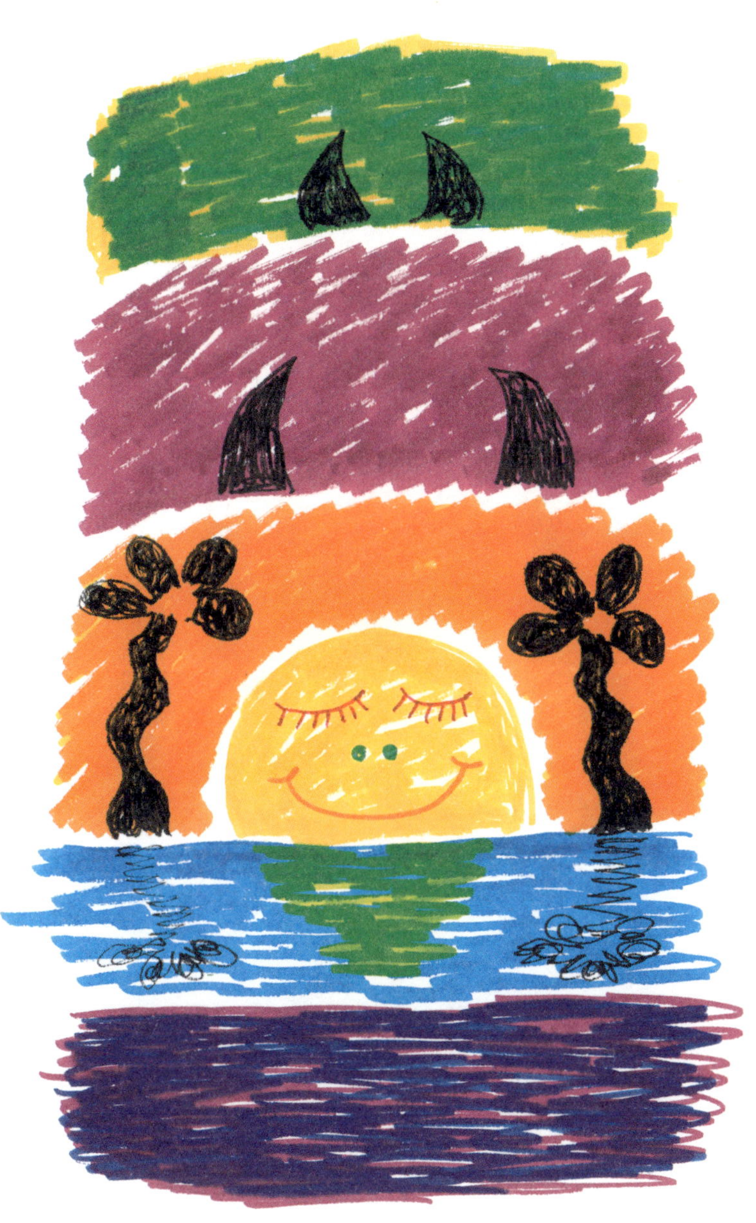

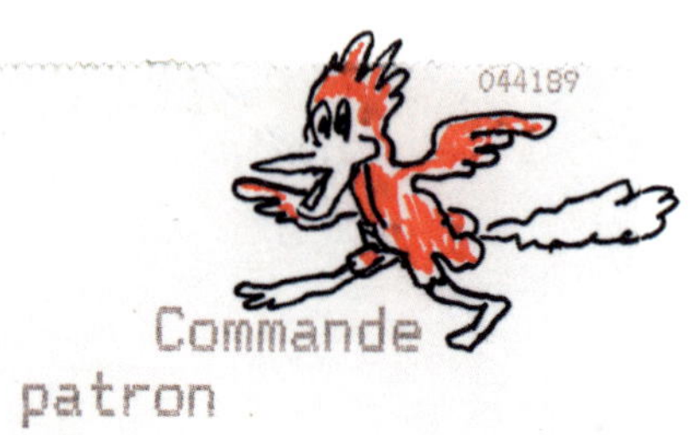

044189

Commande
patron

1x ROAD RUNNER
8,90

1x JALAPENOS
1,00

1x SMALL FRITES
4,00

1x DOUBLE ROAD
16,40

1x SMALL FRITES
4,00

13-03-2022 18:29 Caisse 1

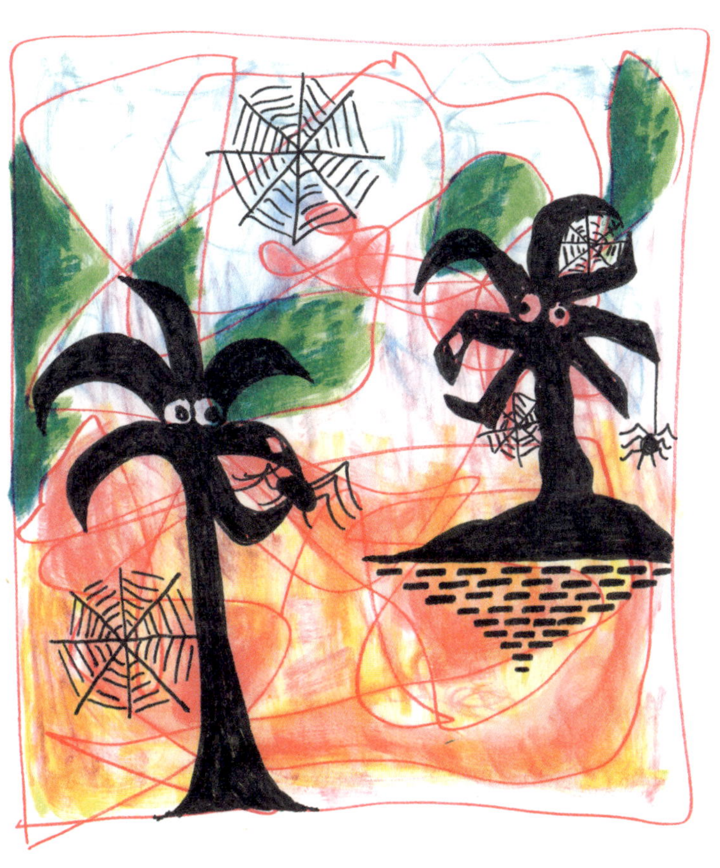

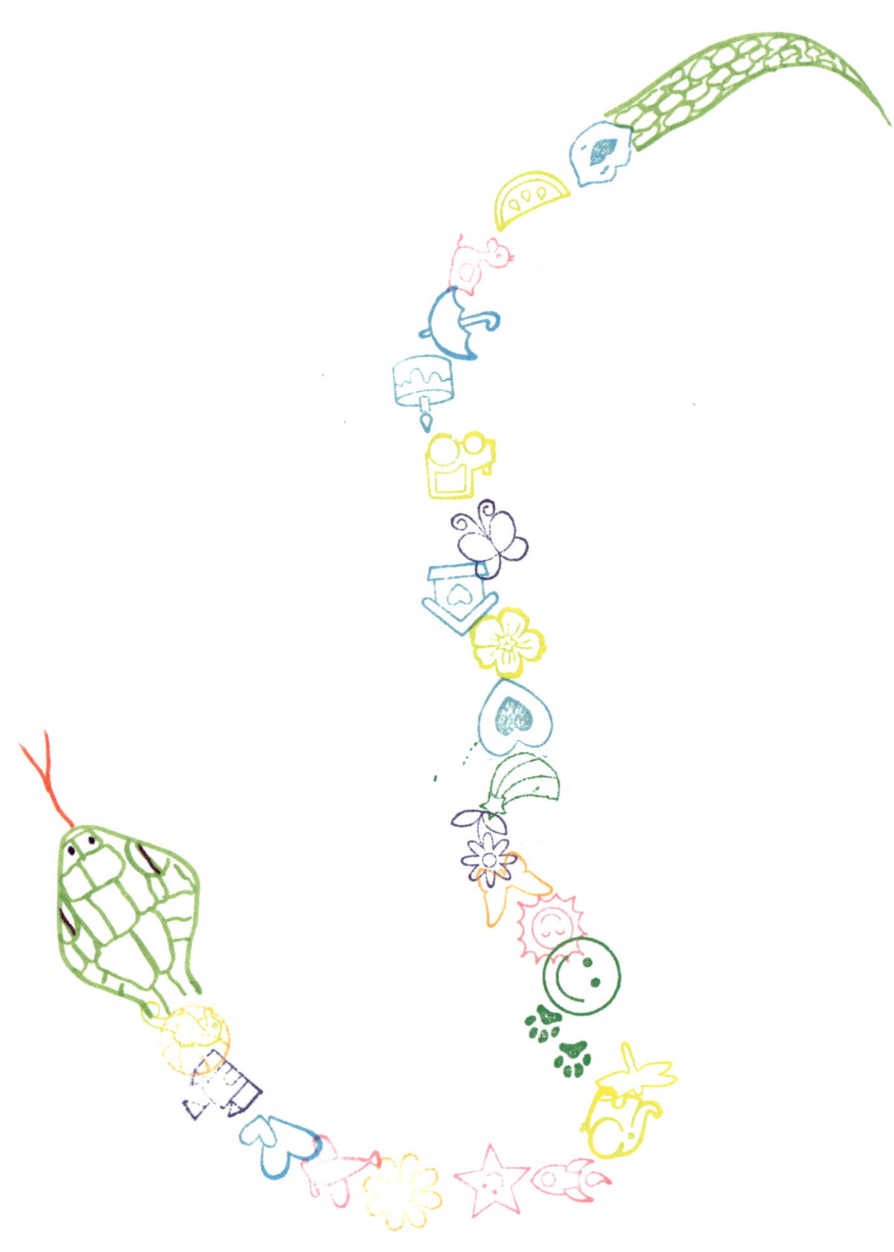

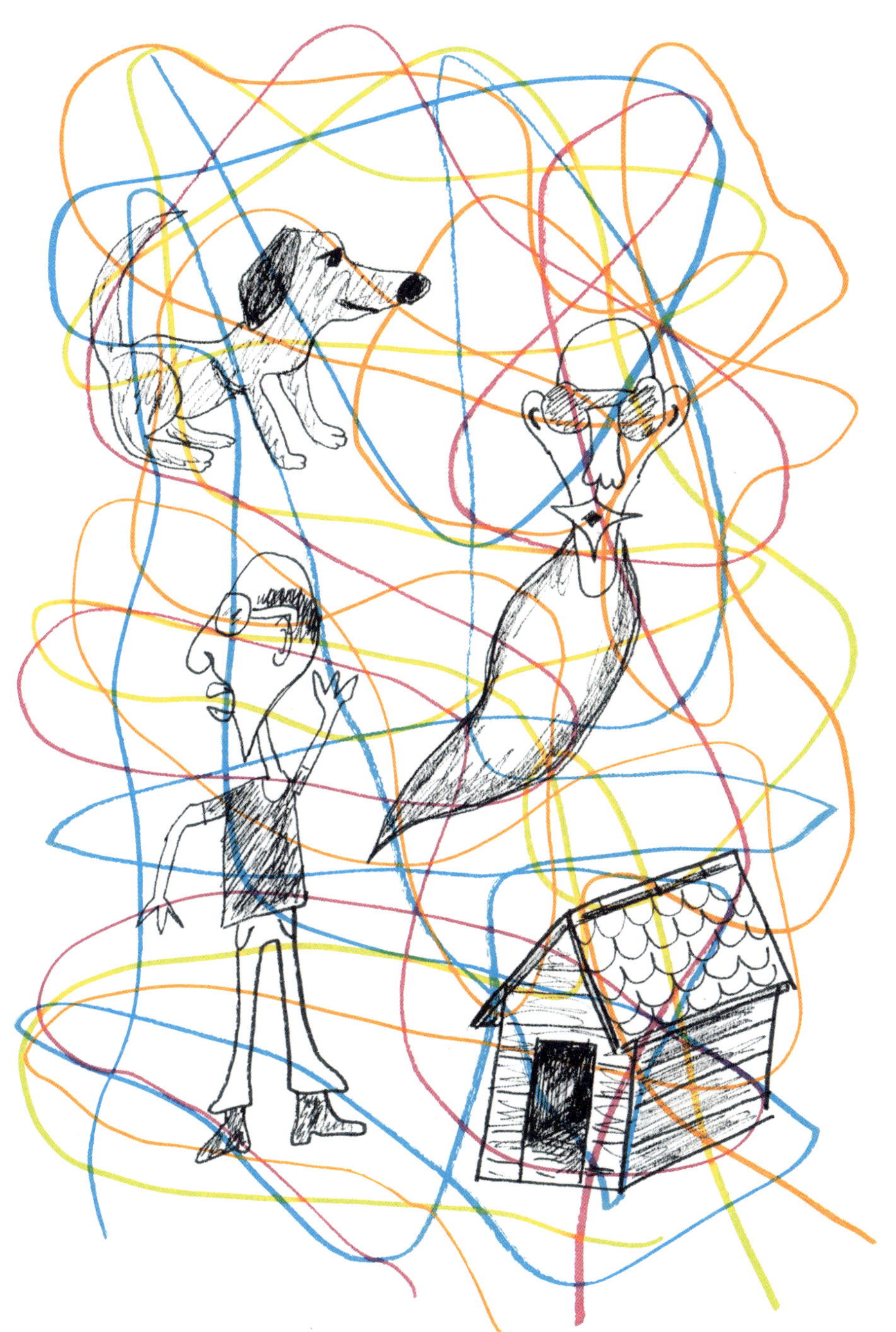

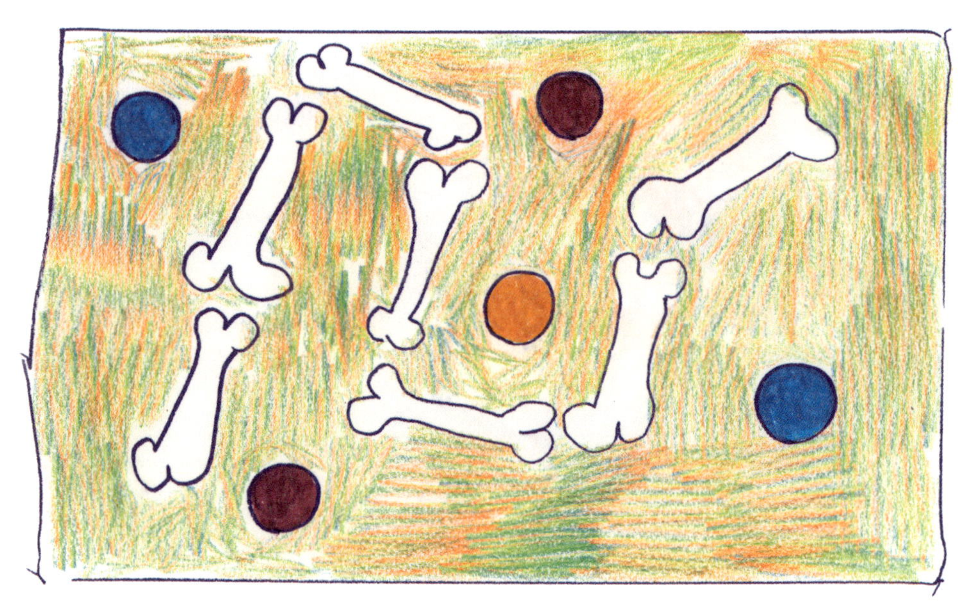

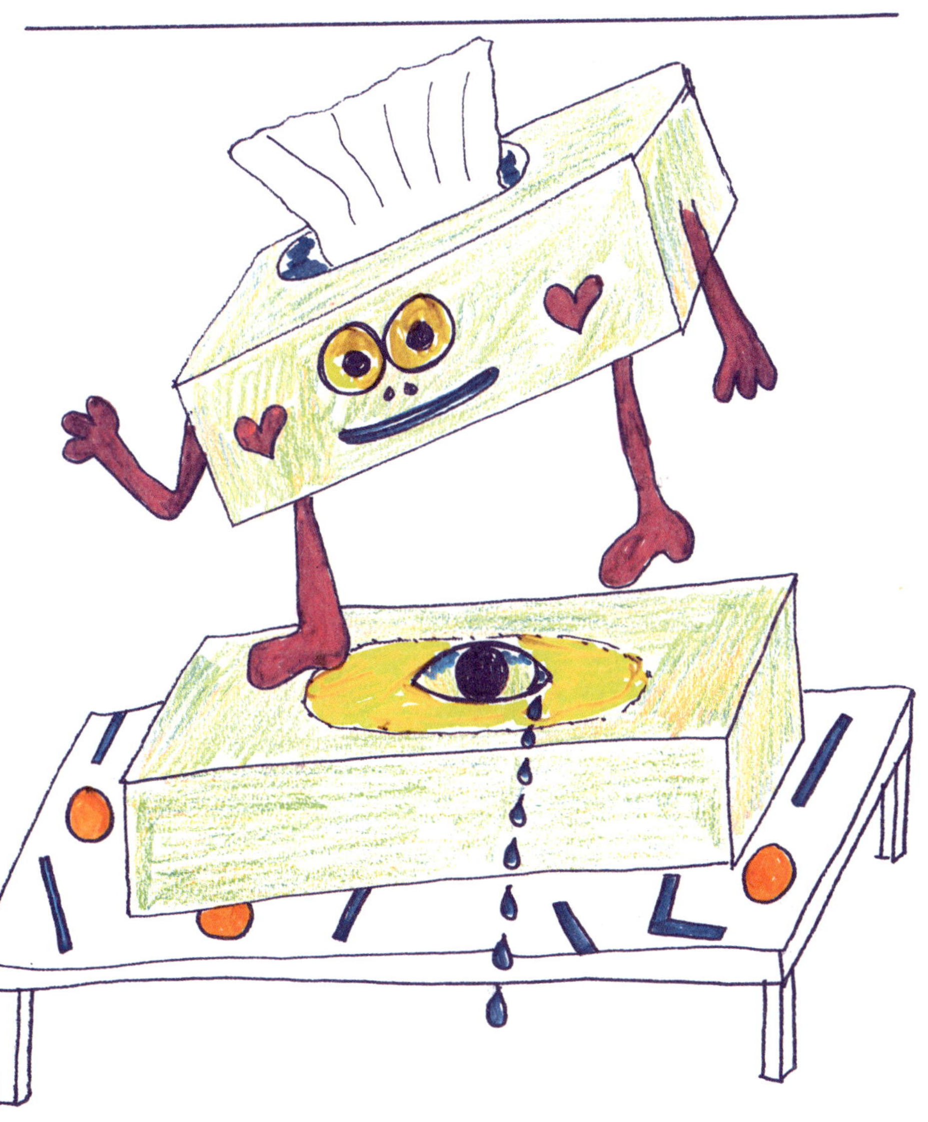

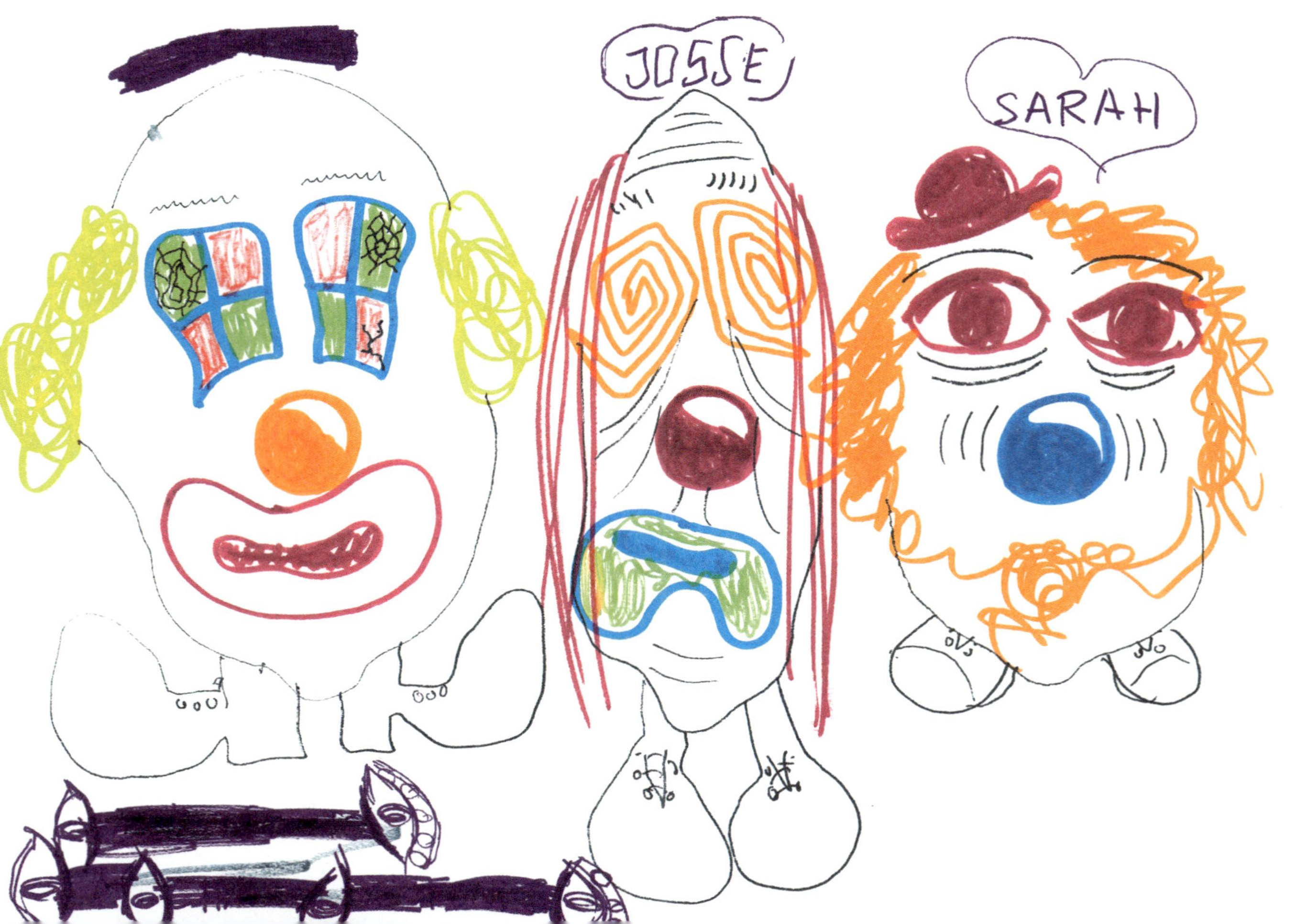
JOSSE
SARAH

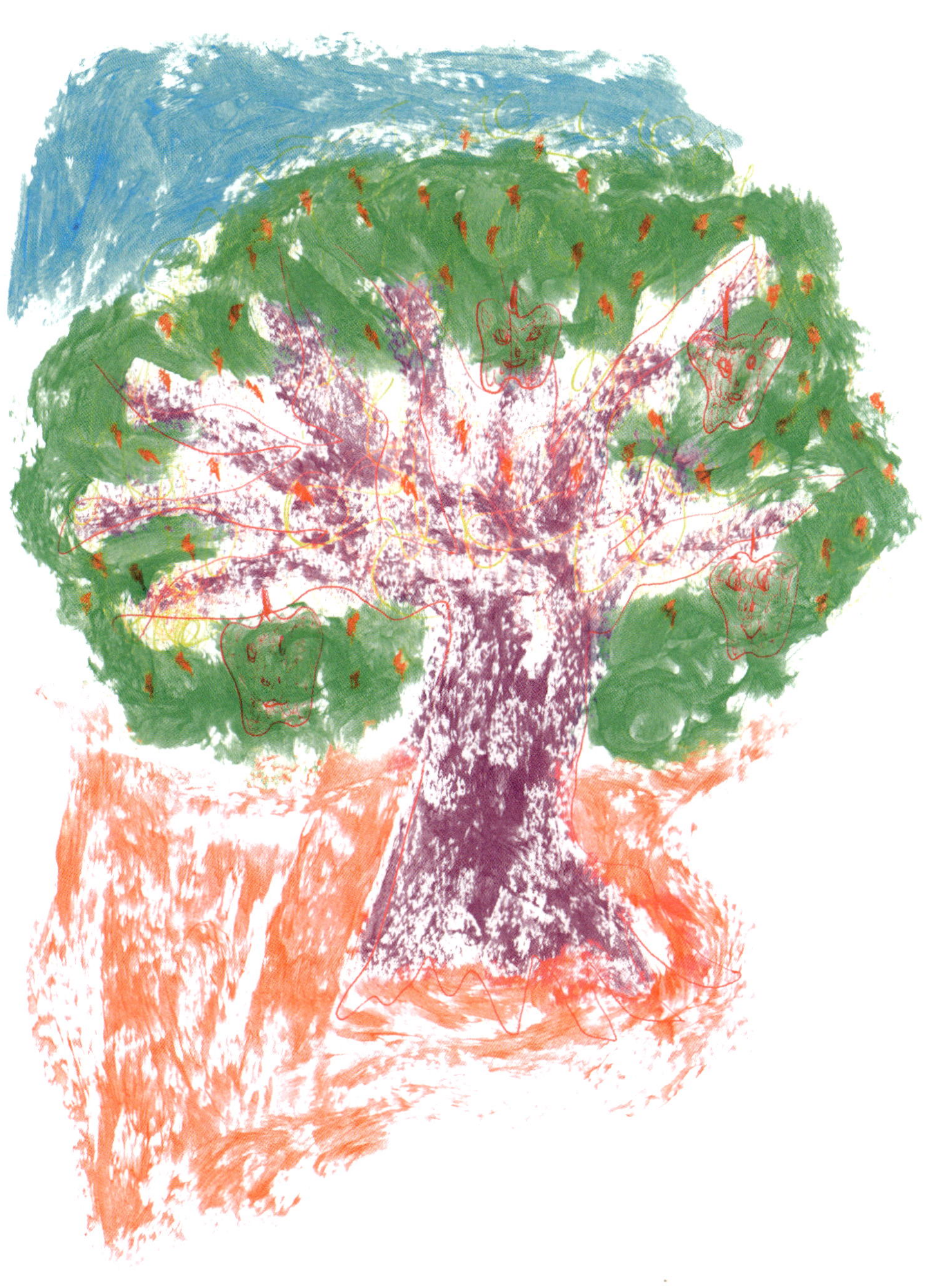

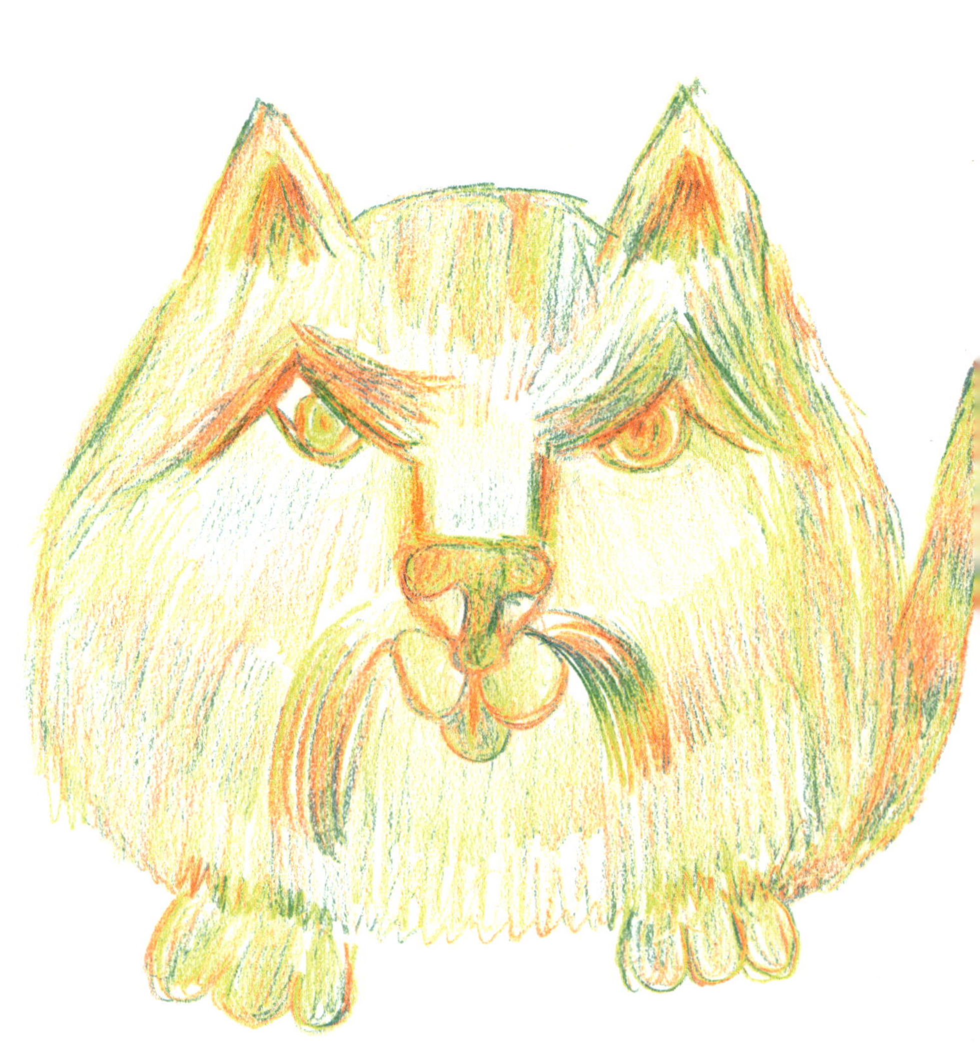

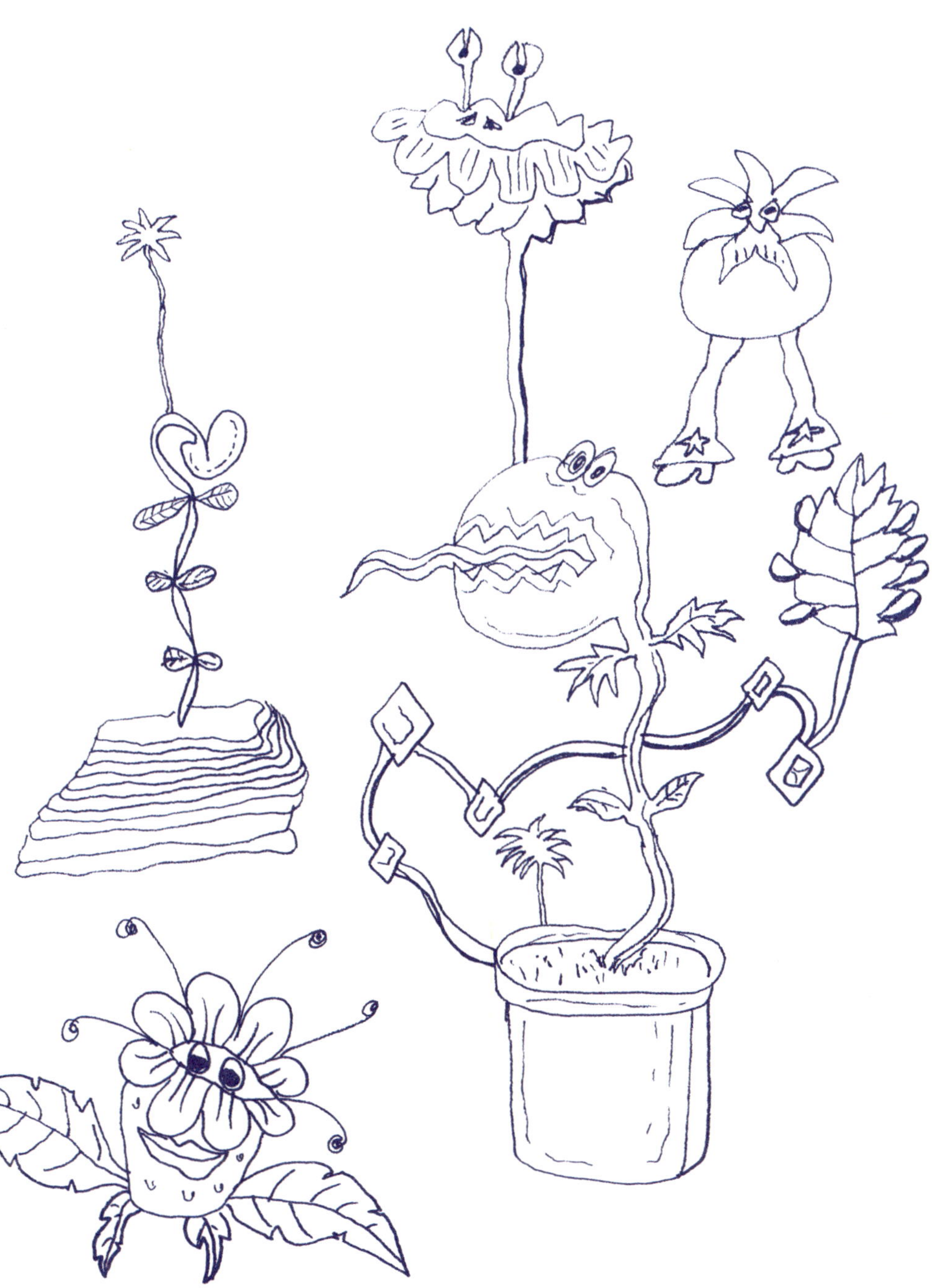

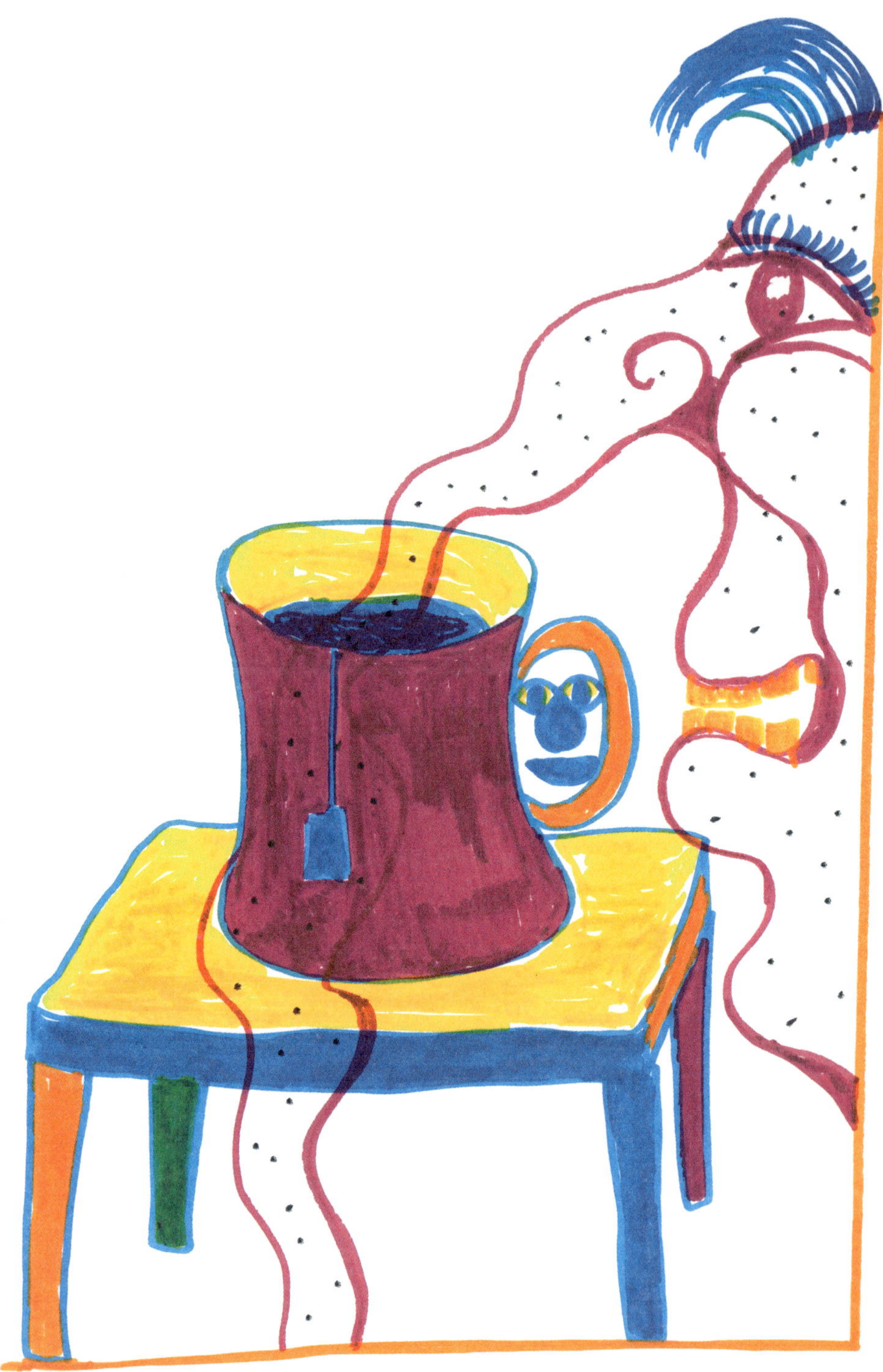

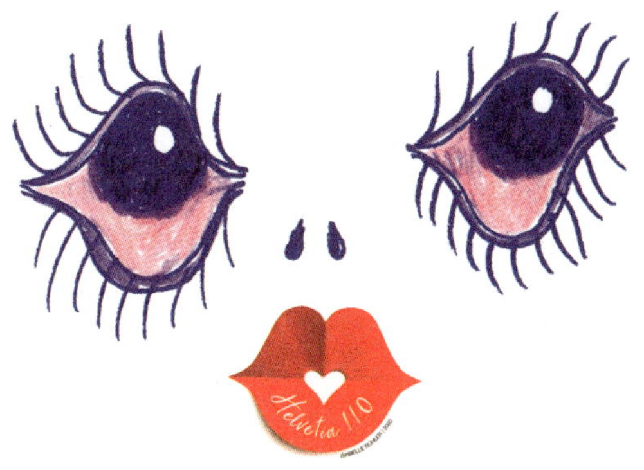
Helvetia 110

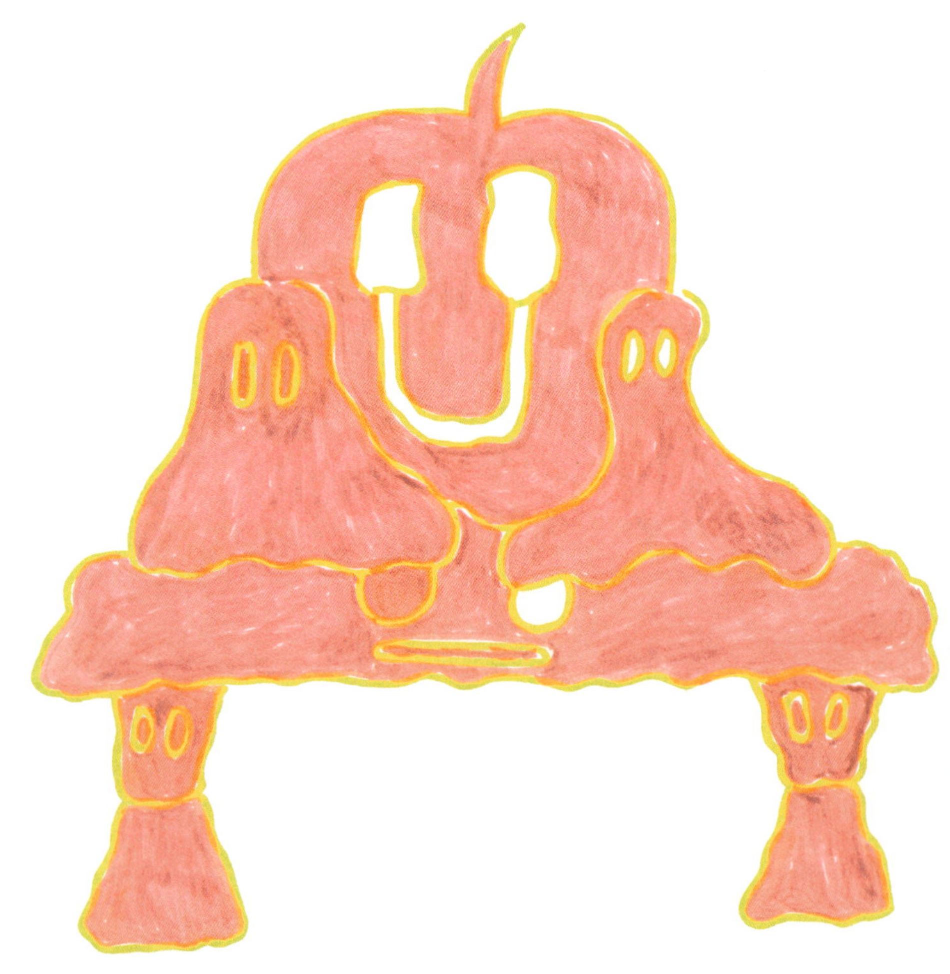

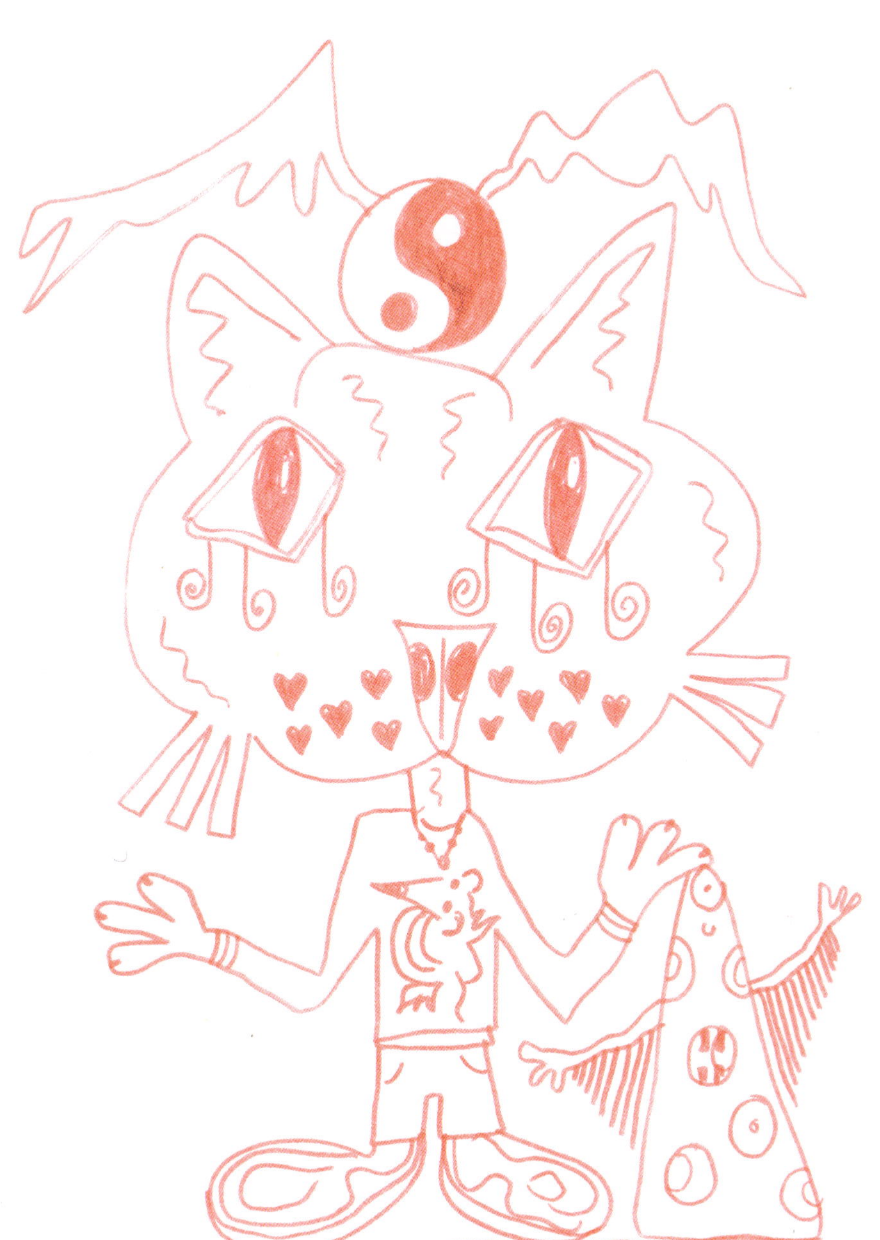

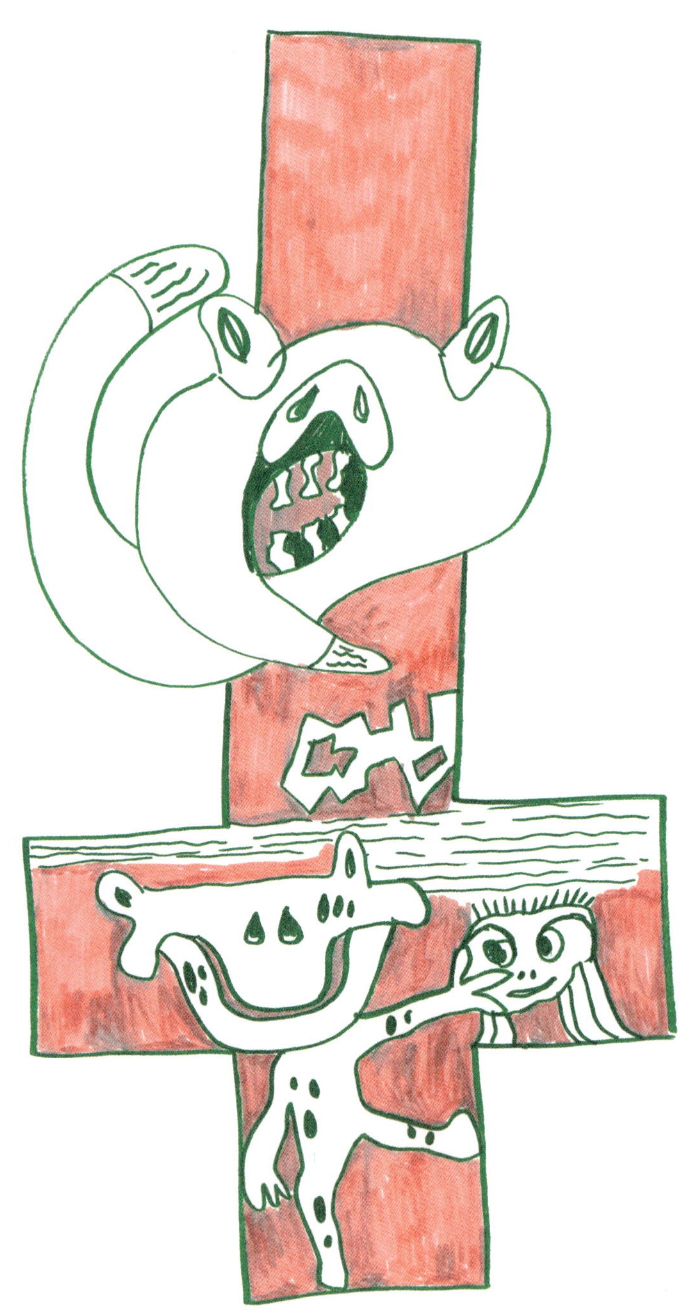

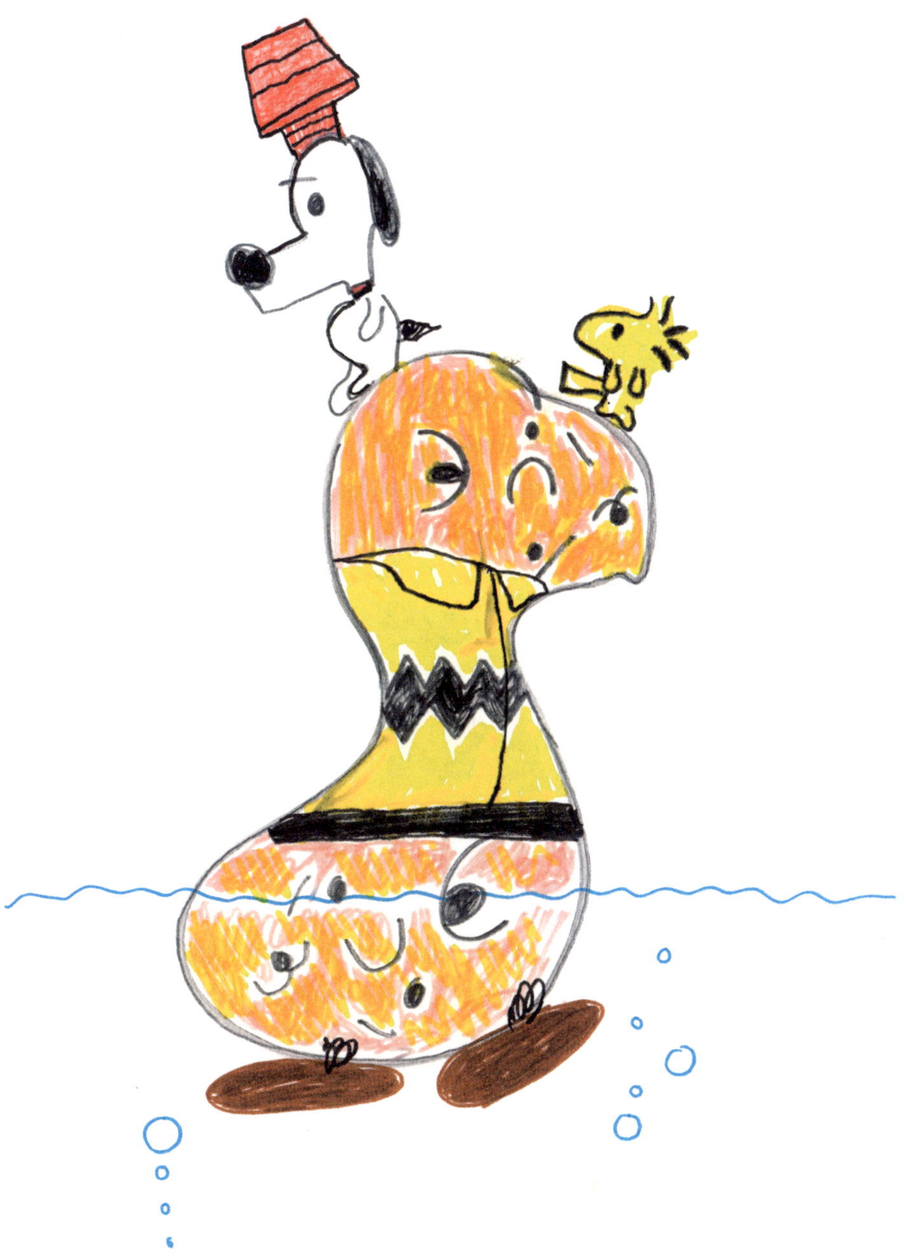

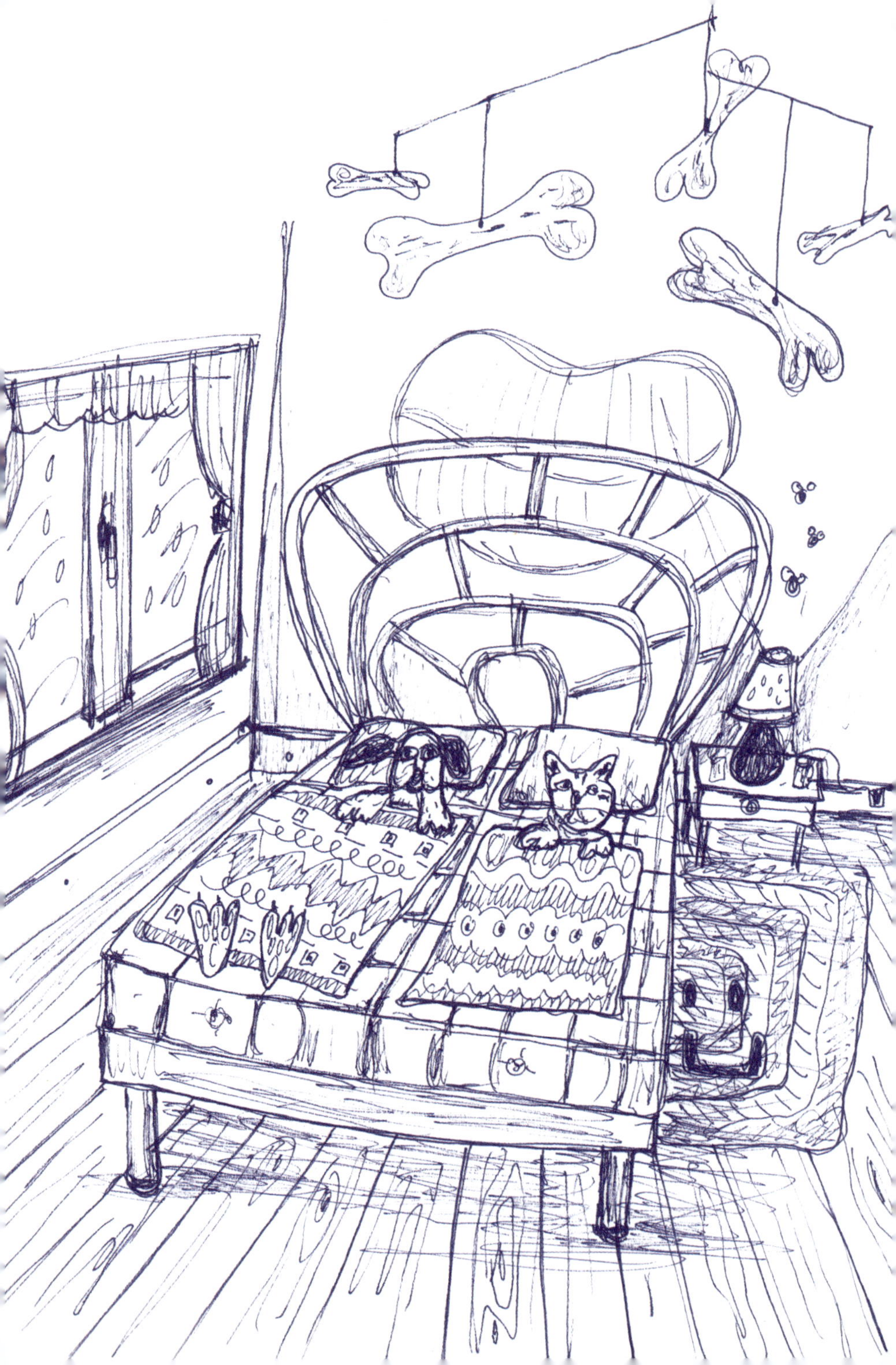

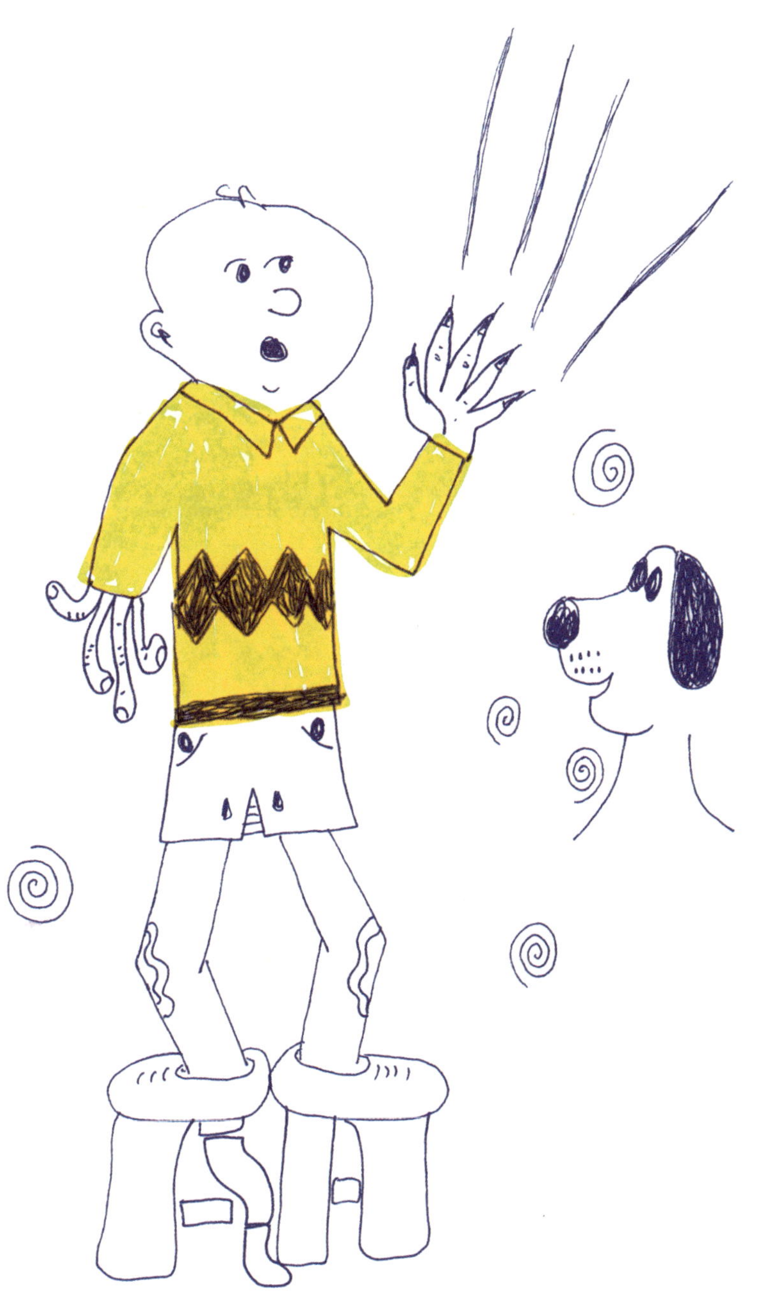

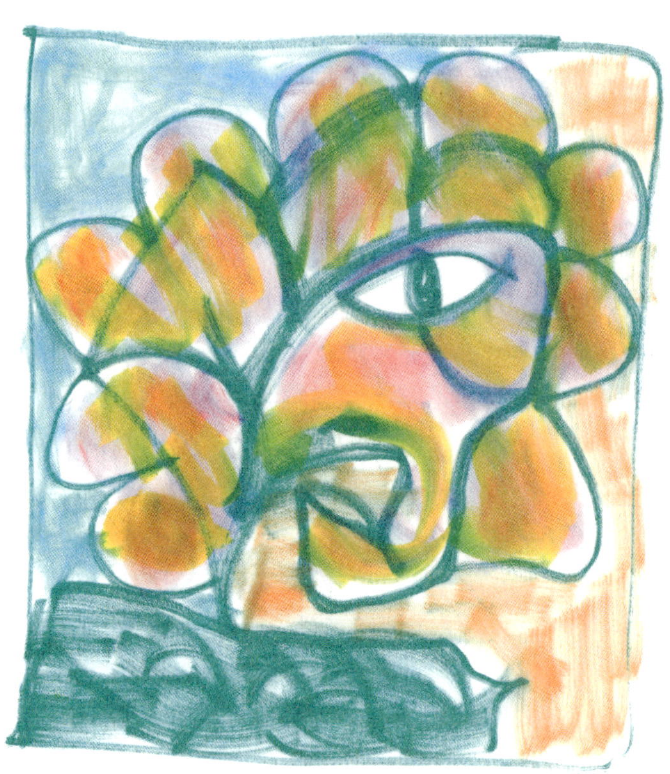

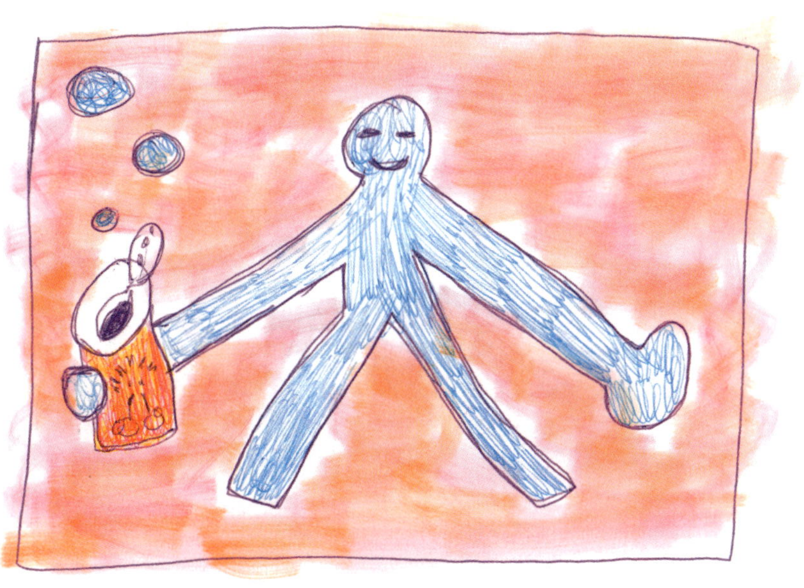

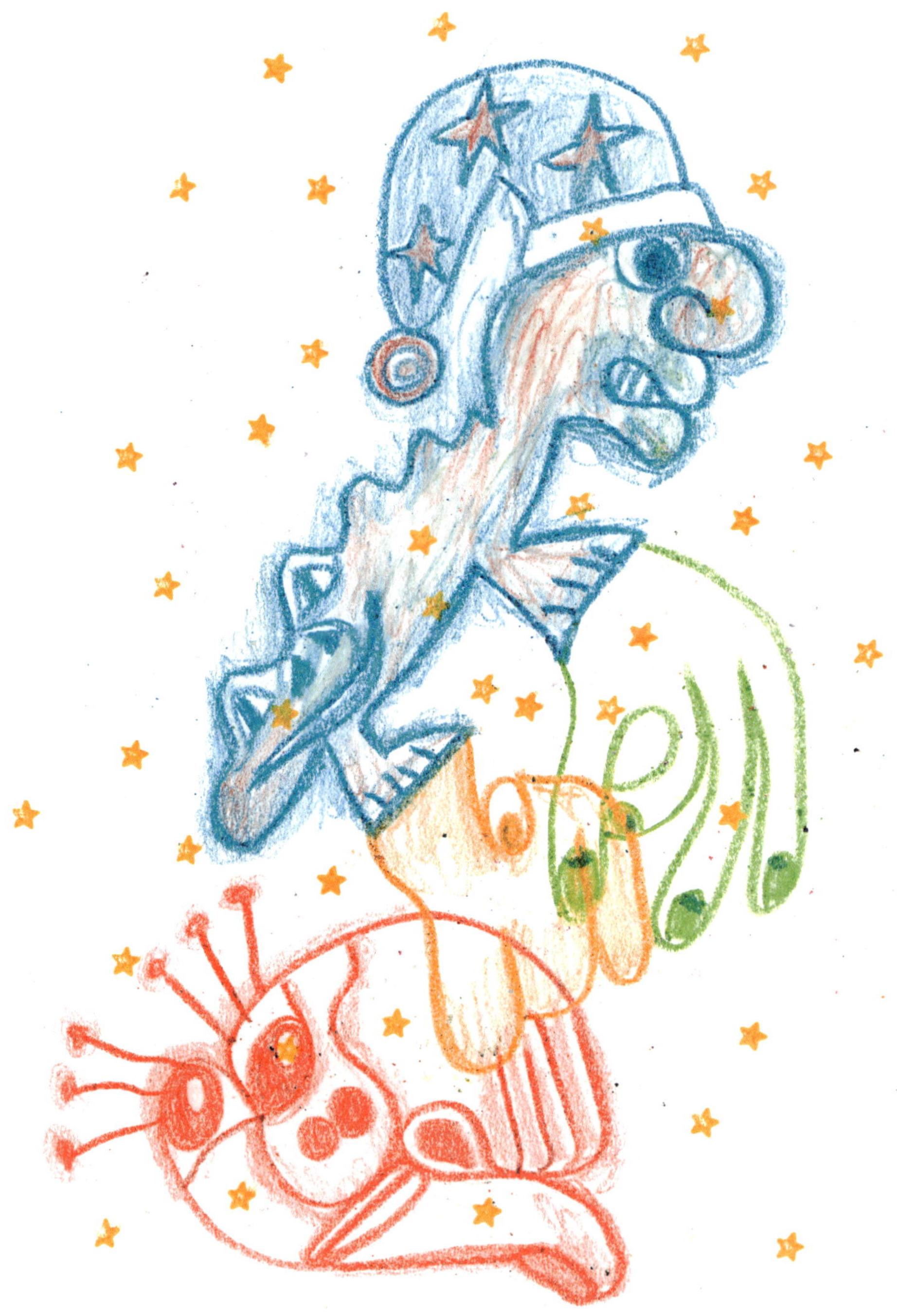

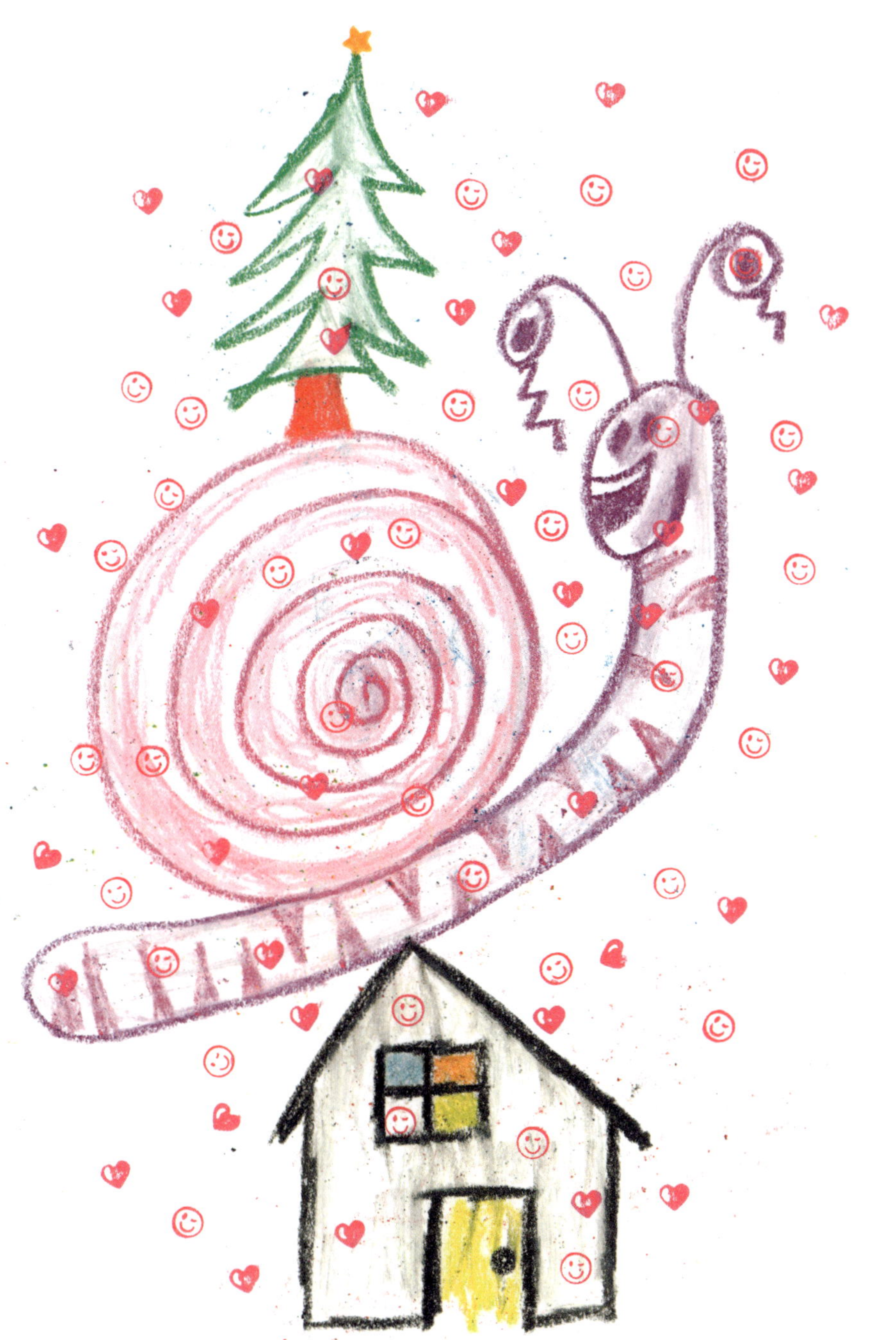

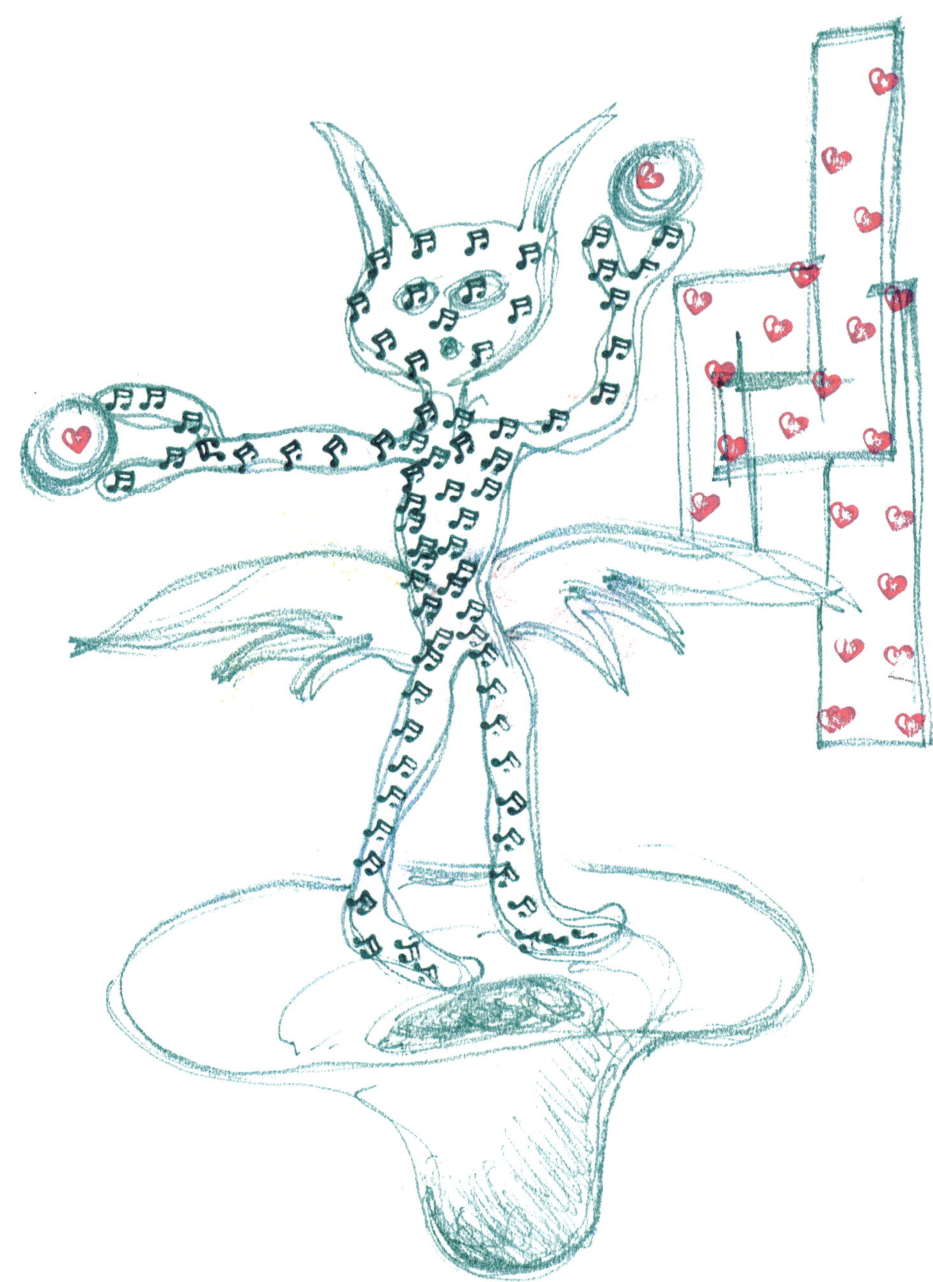

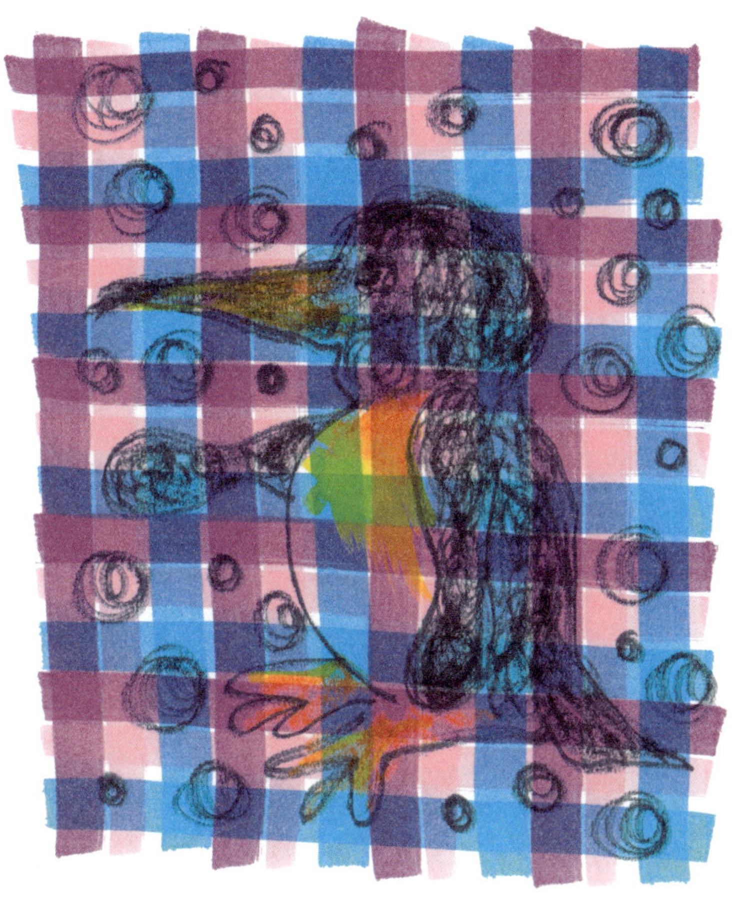

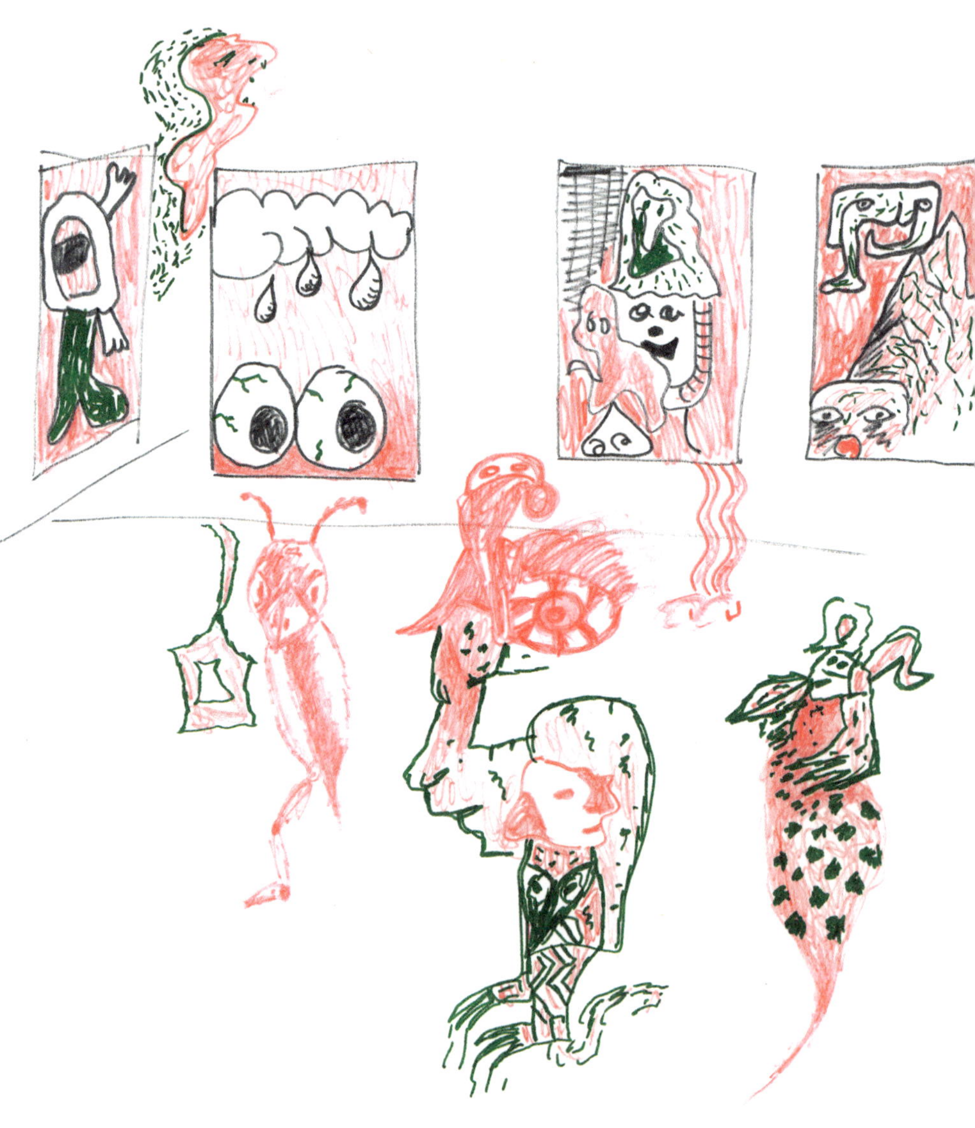

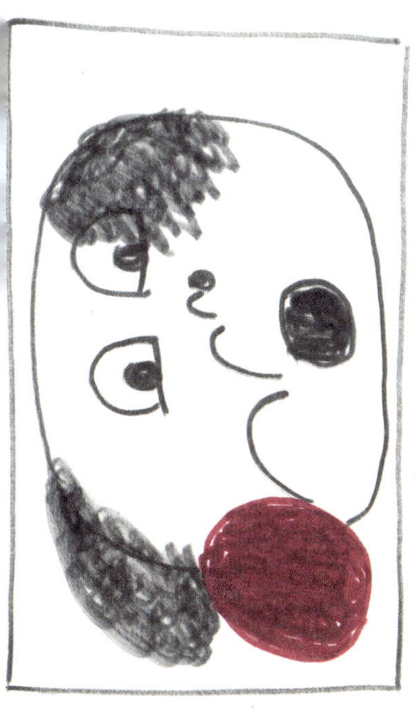

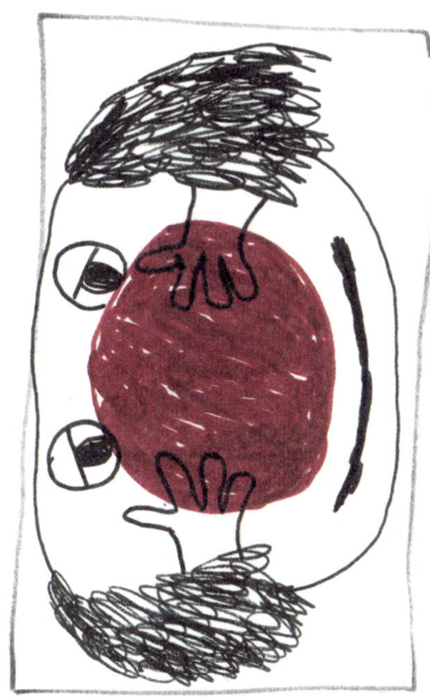

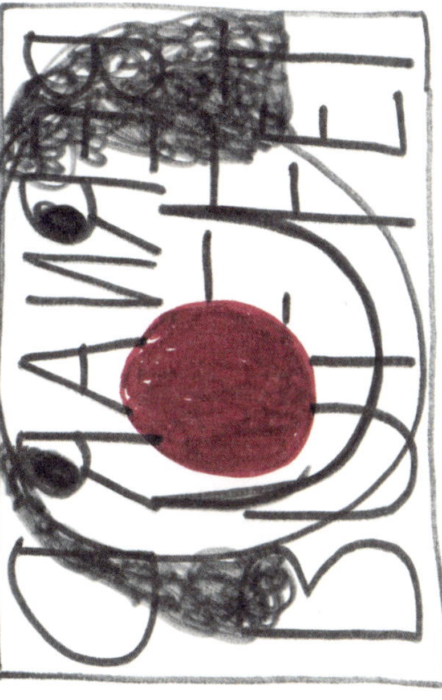

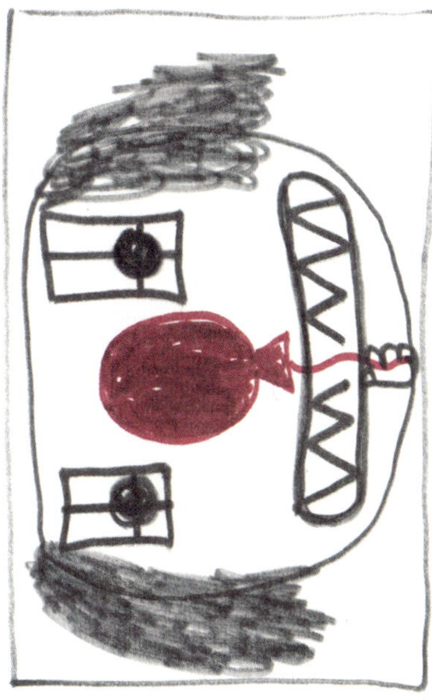

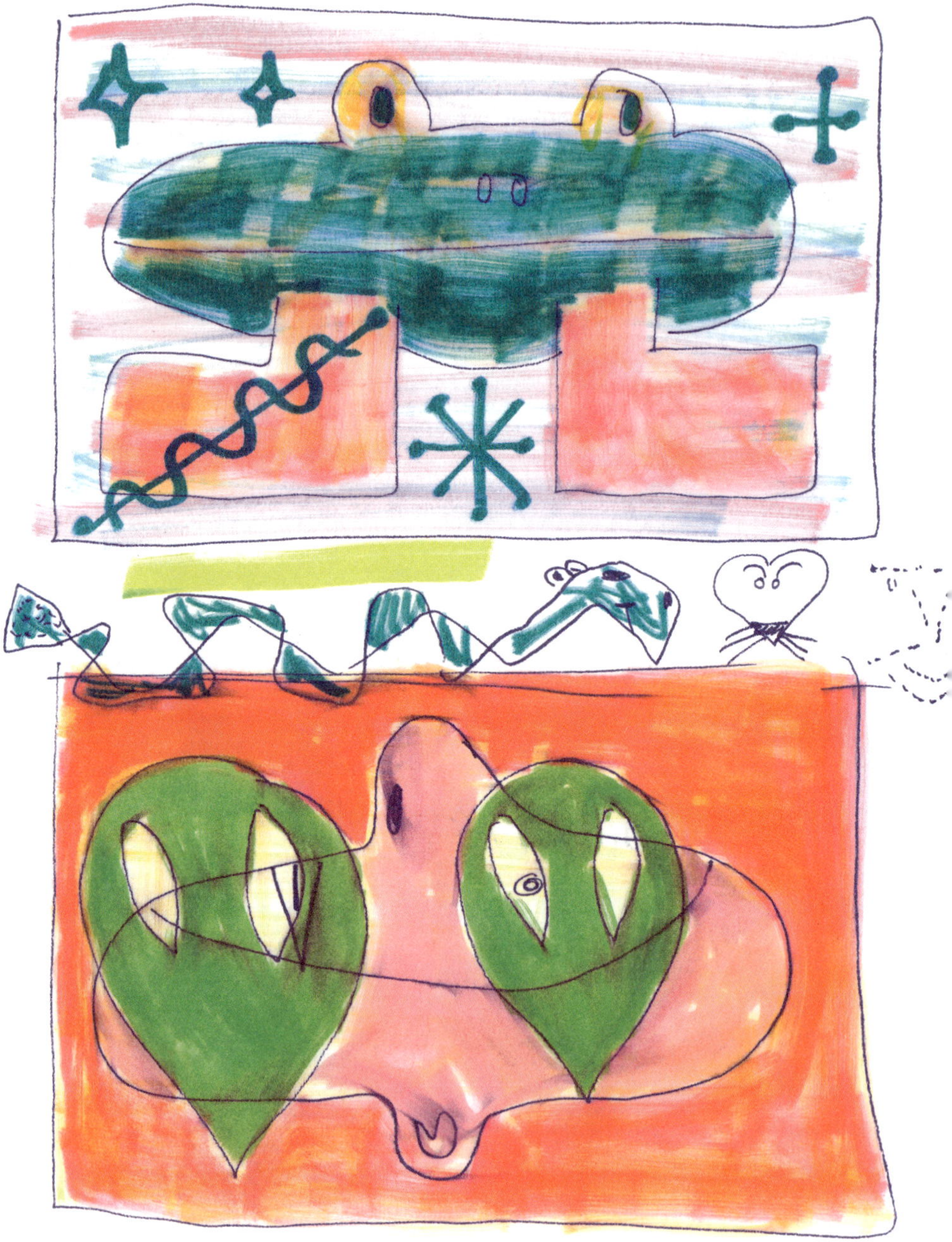

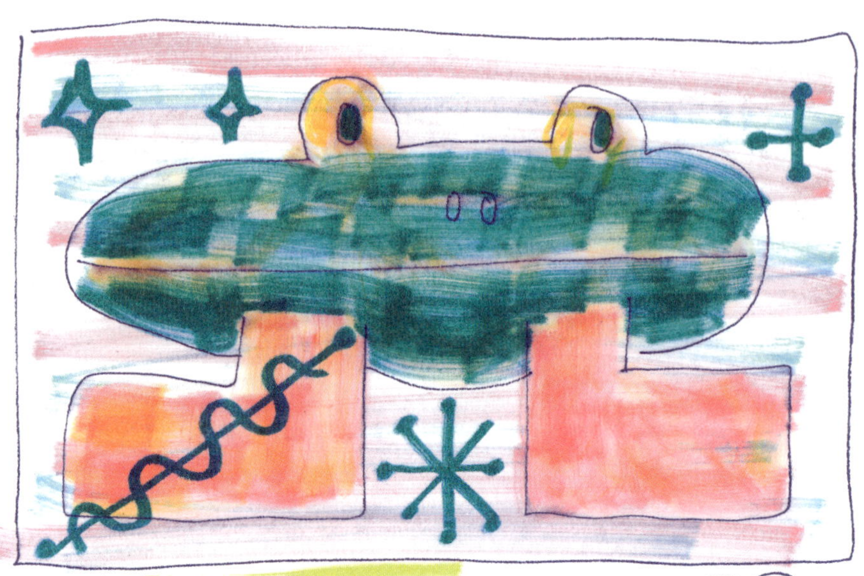

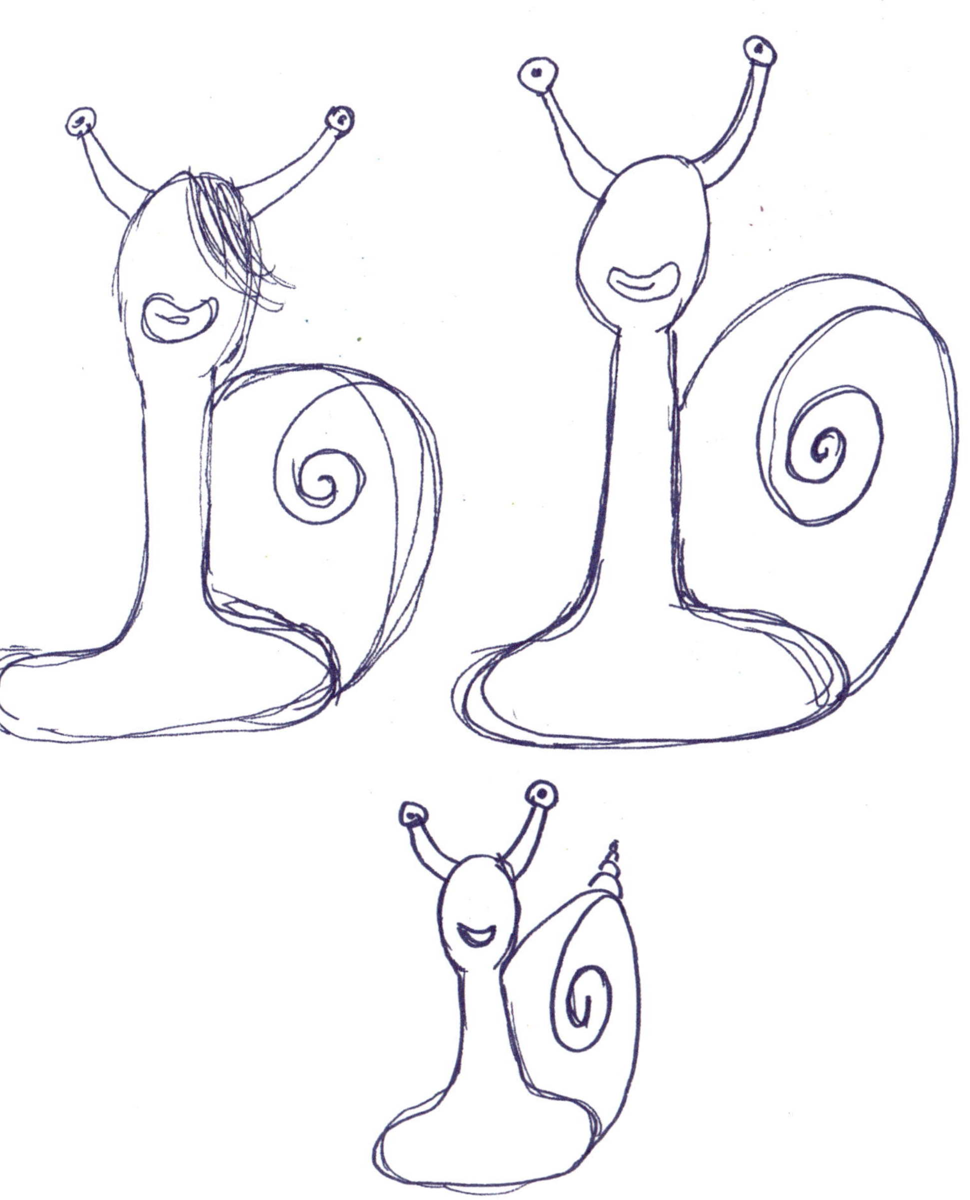

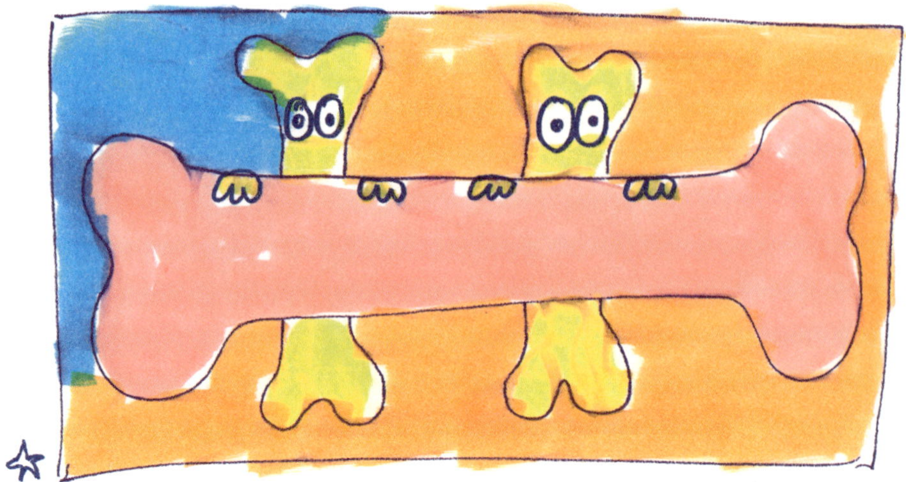

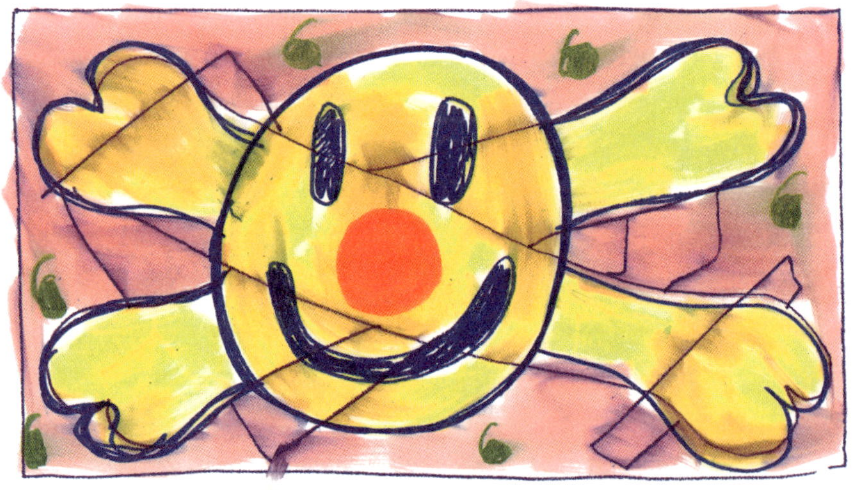

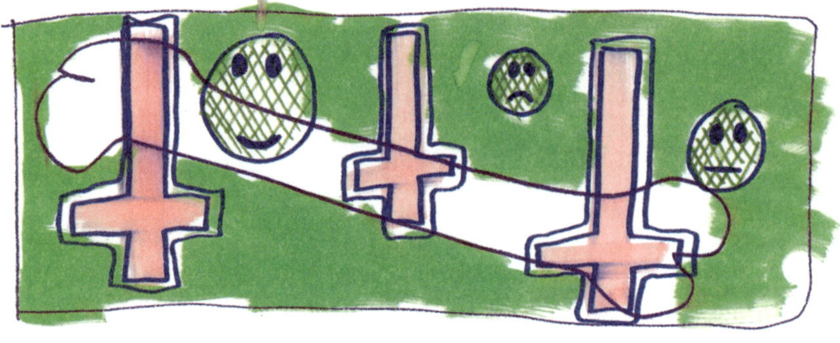

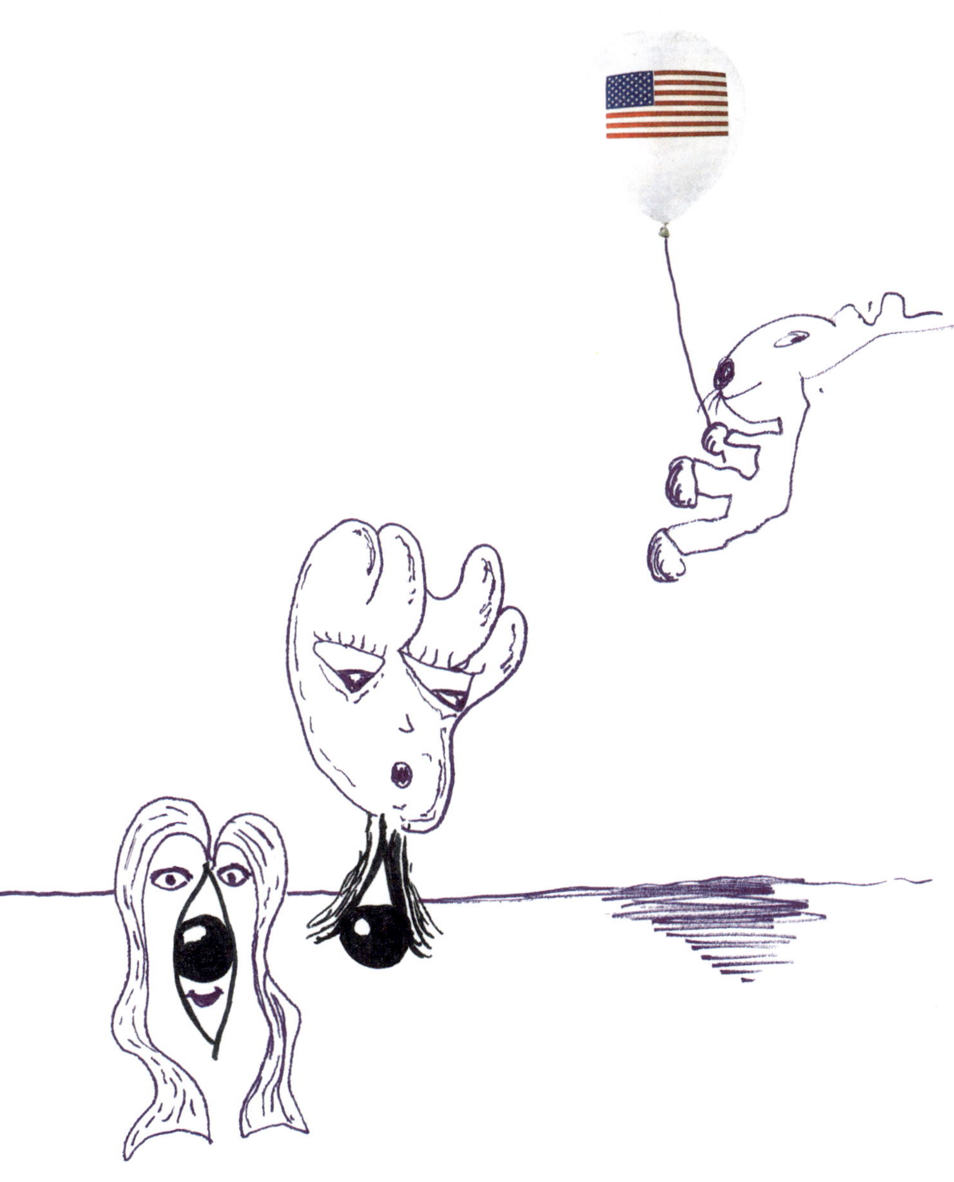

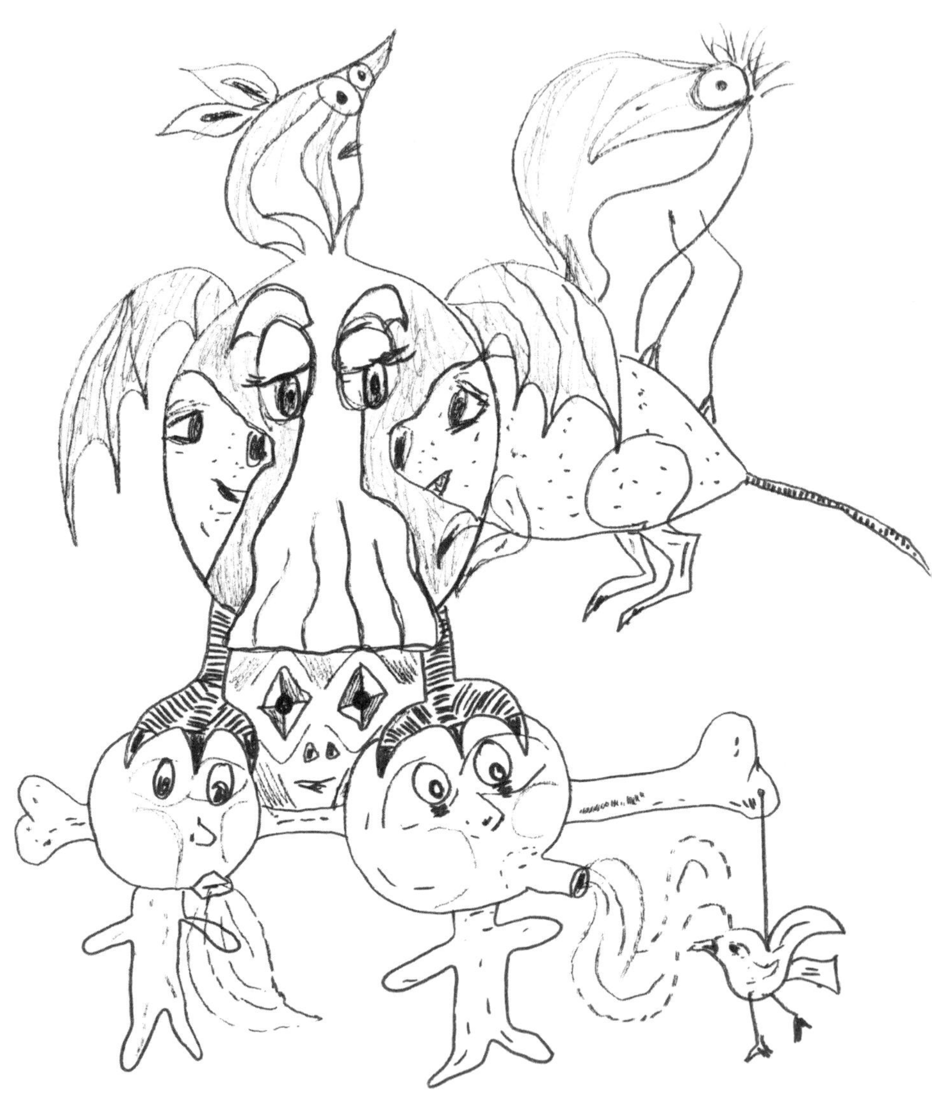

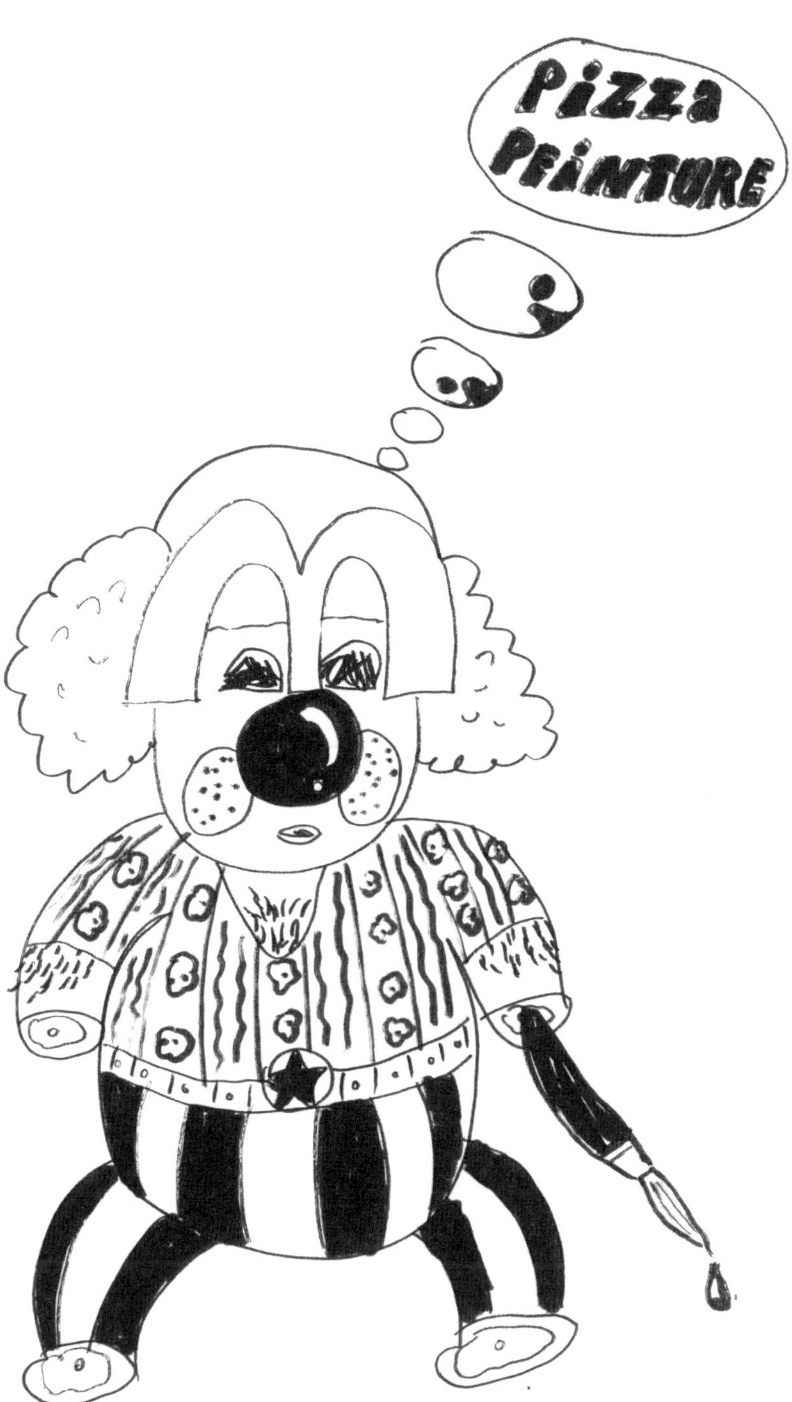
Pizza
PEÀNTURE

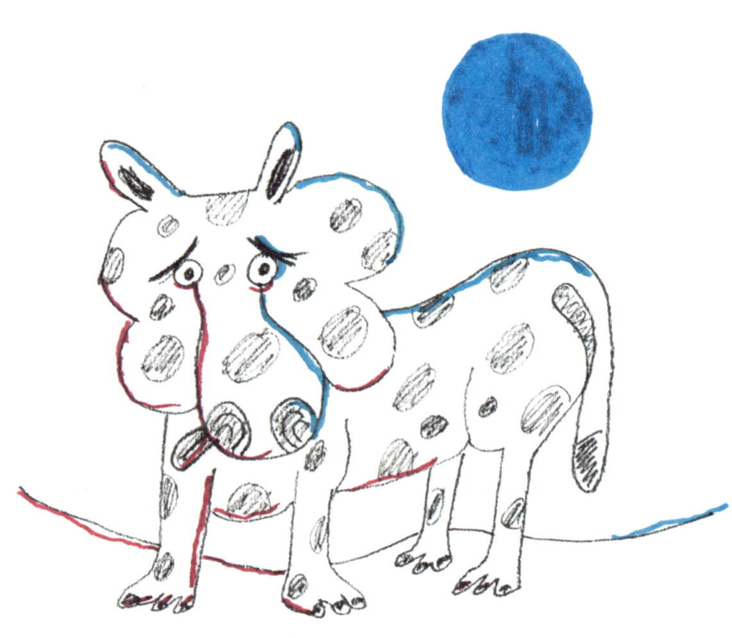

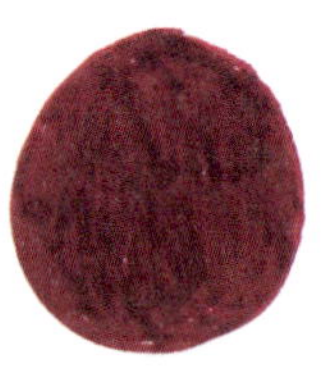

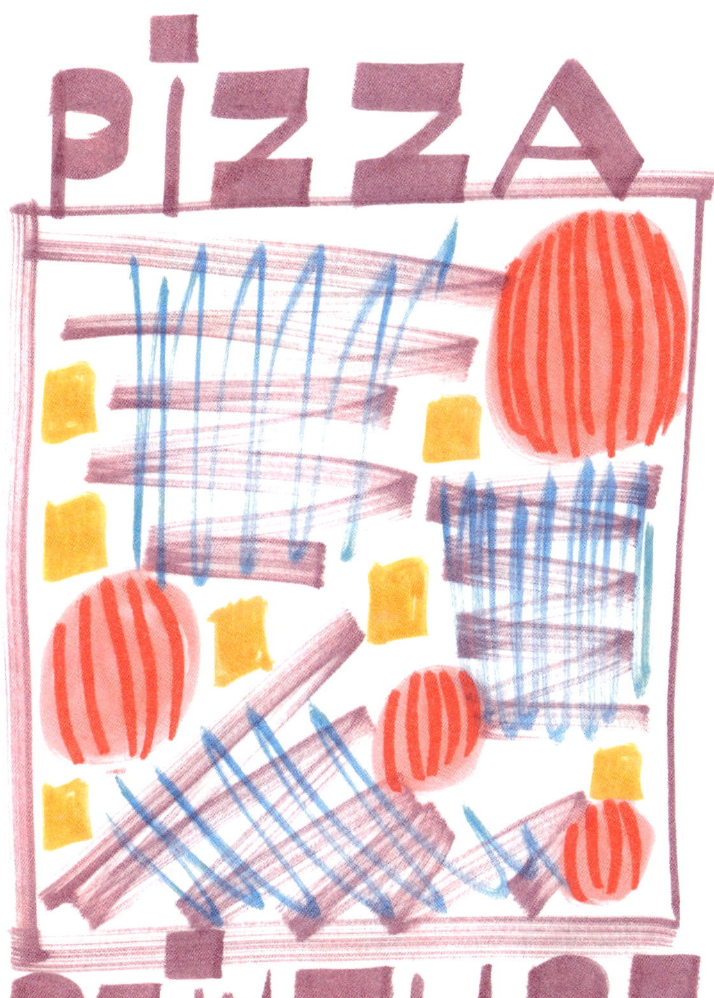
PIZZA
PEINTURE

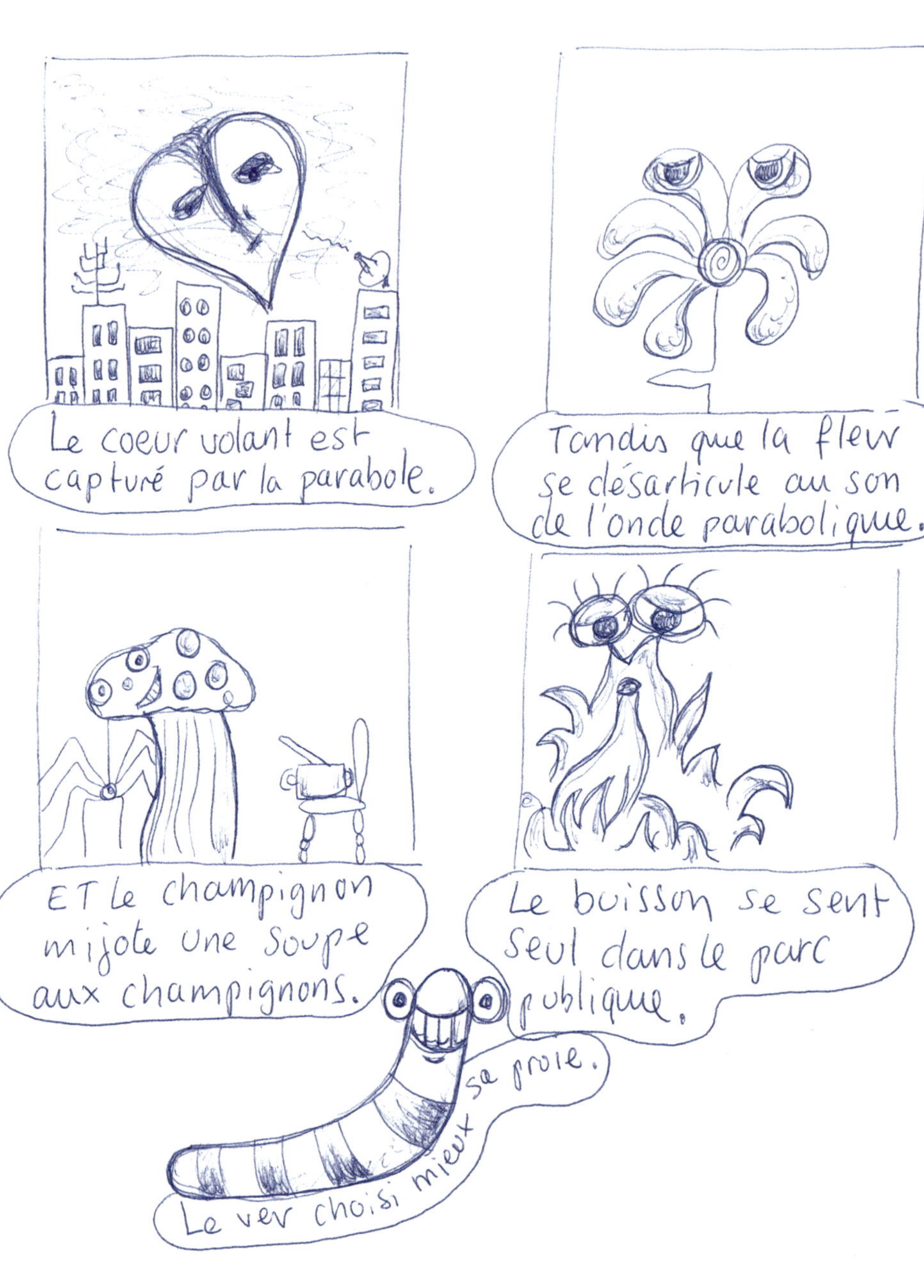
Le coeur volant est capturé par la parabole.
Tandis que la fleur se désarticule au son de l'onde parabolique.
ET le champignon mijote une soupe aux champignons.
Le buisson se sent seul dans le parc publique.
Le ver choisi mieux sa proie.

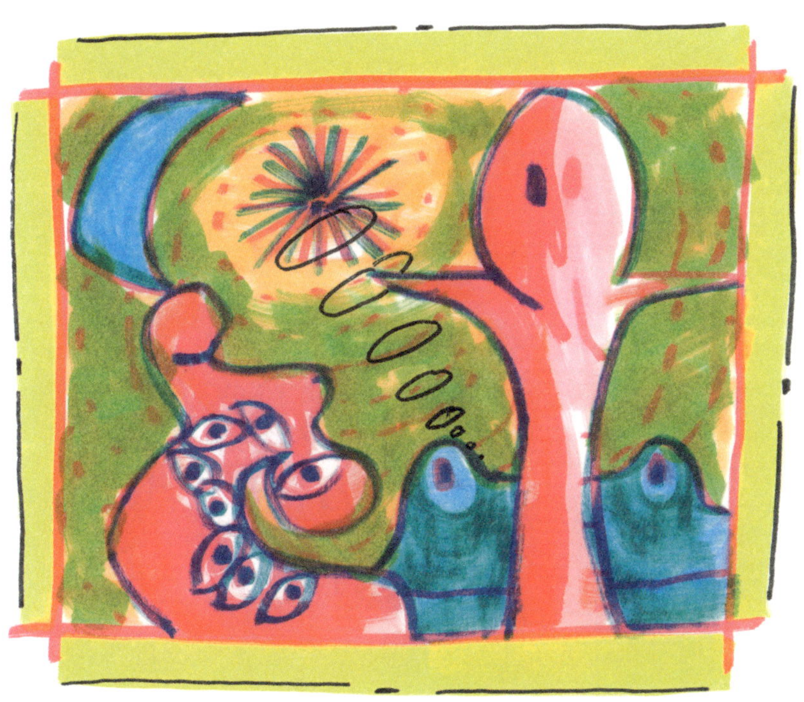

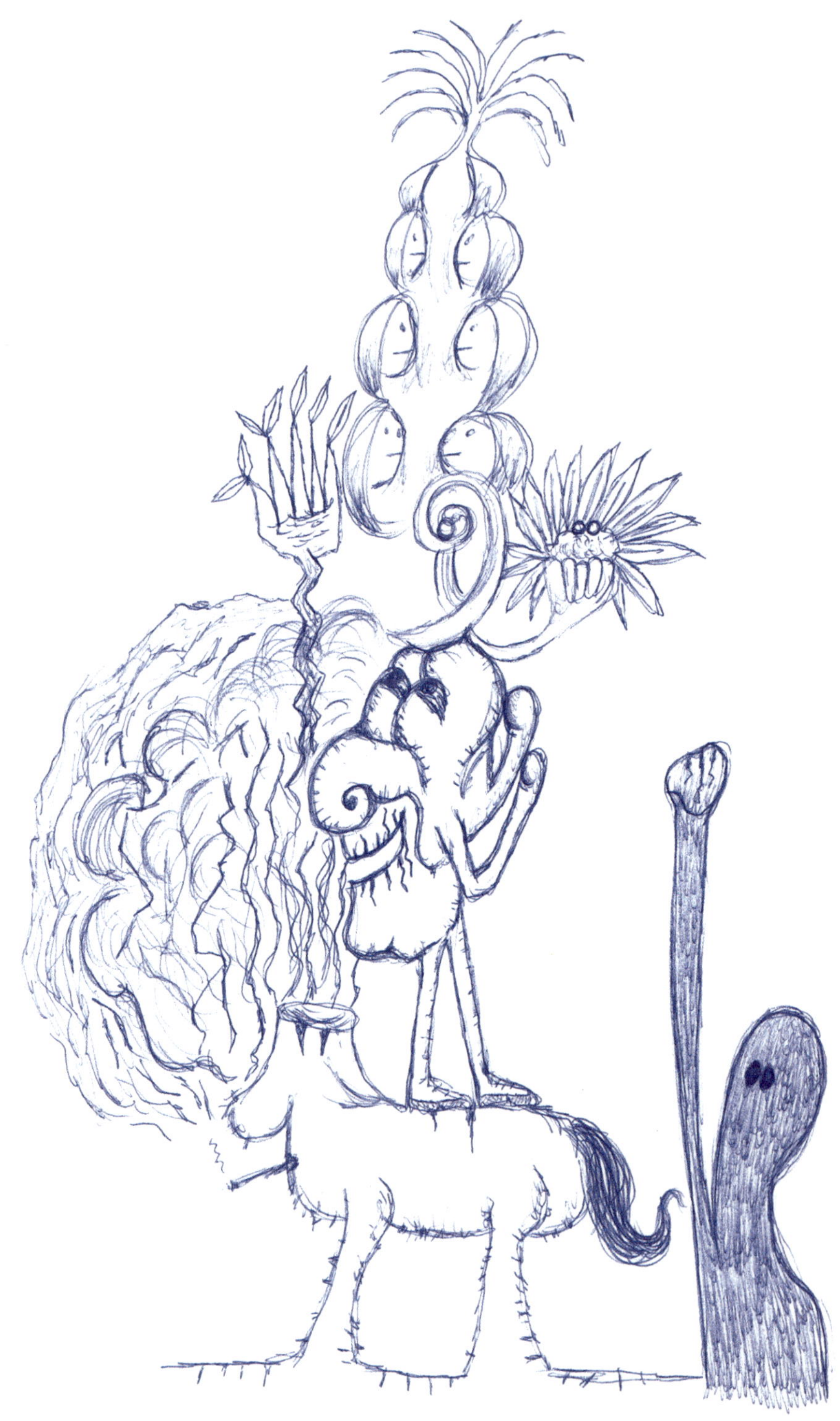

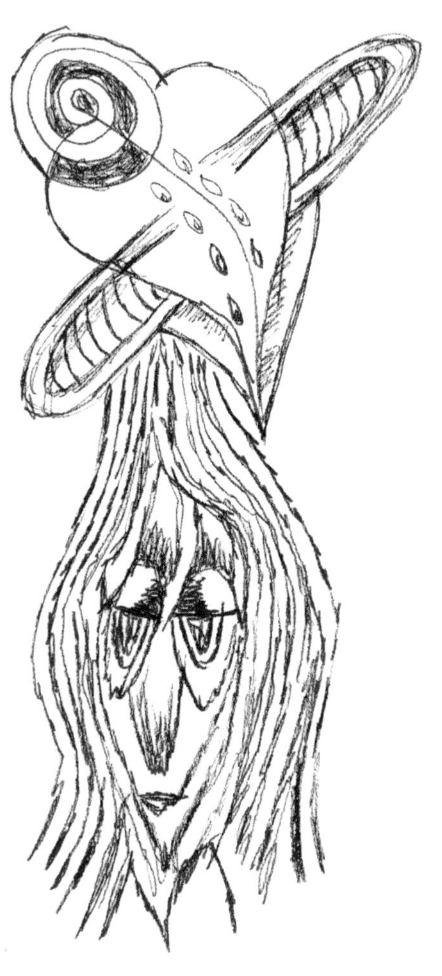

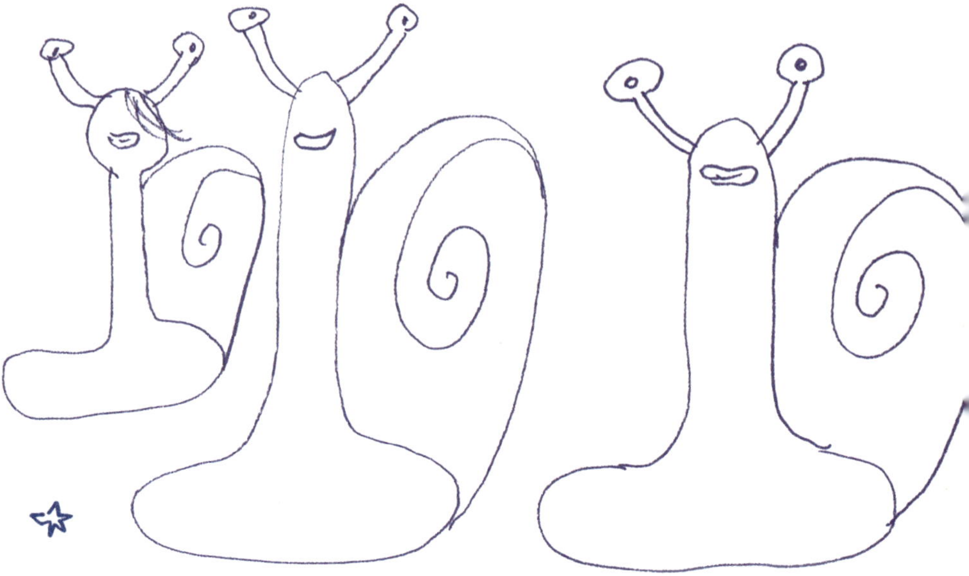

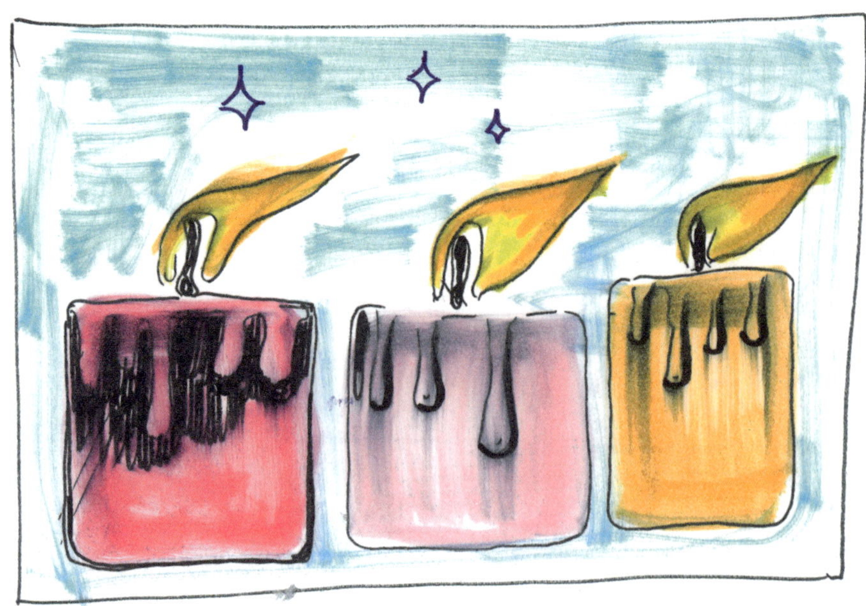

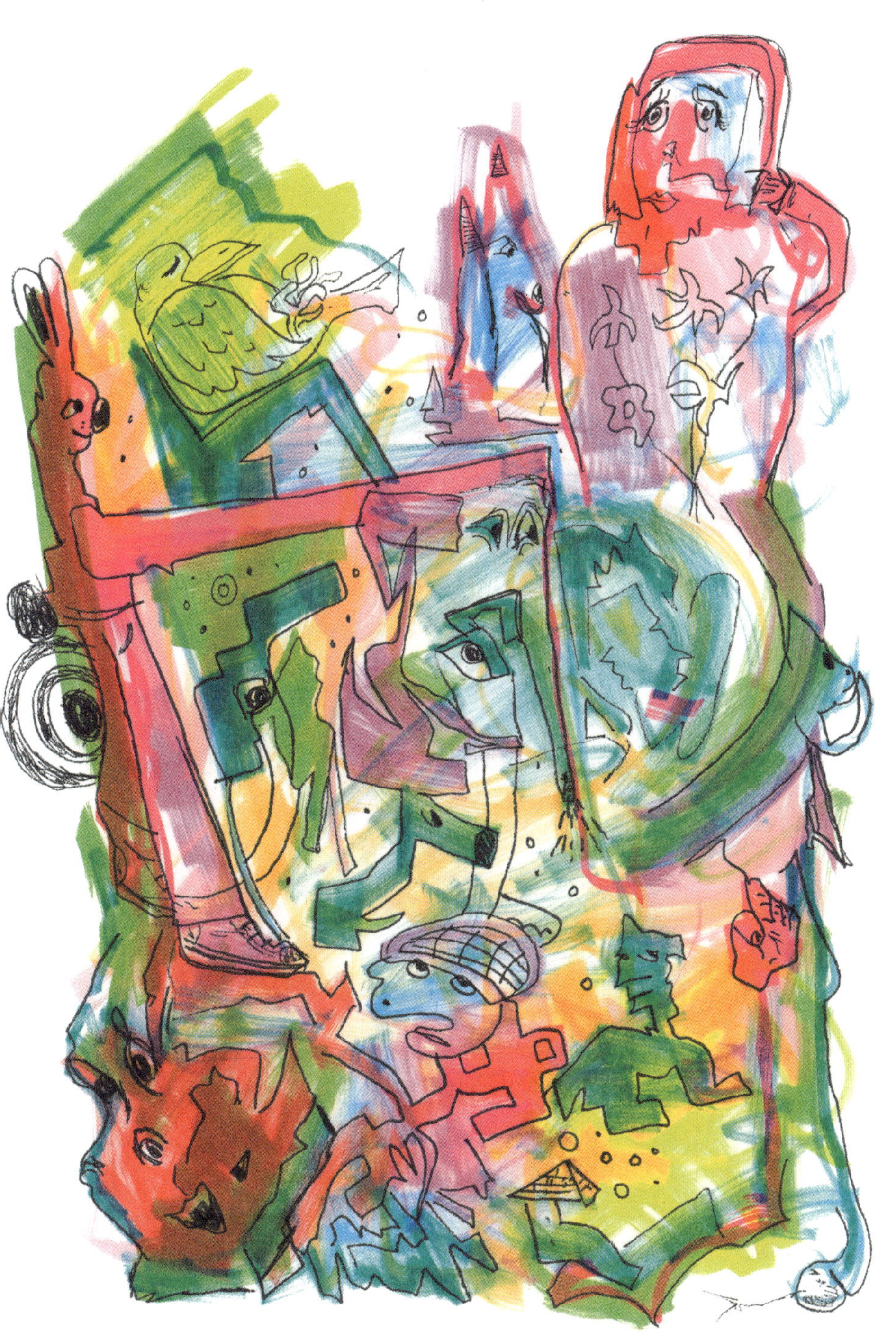

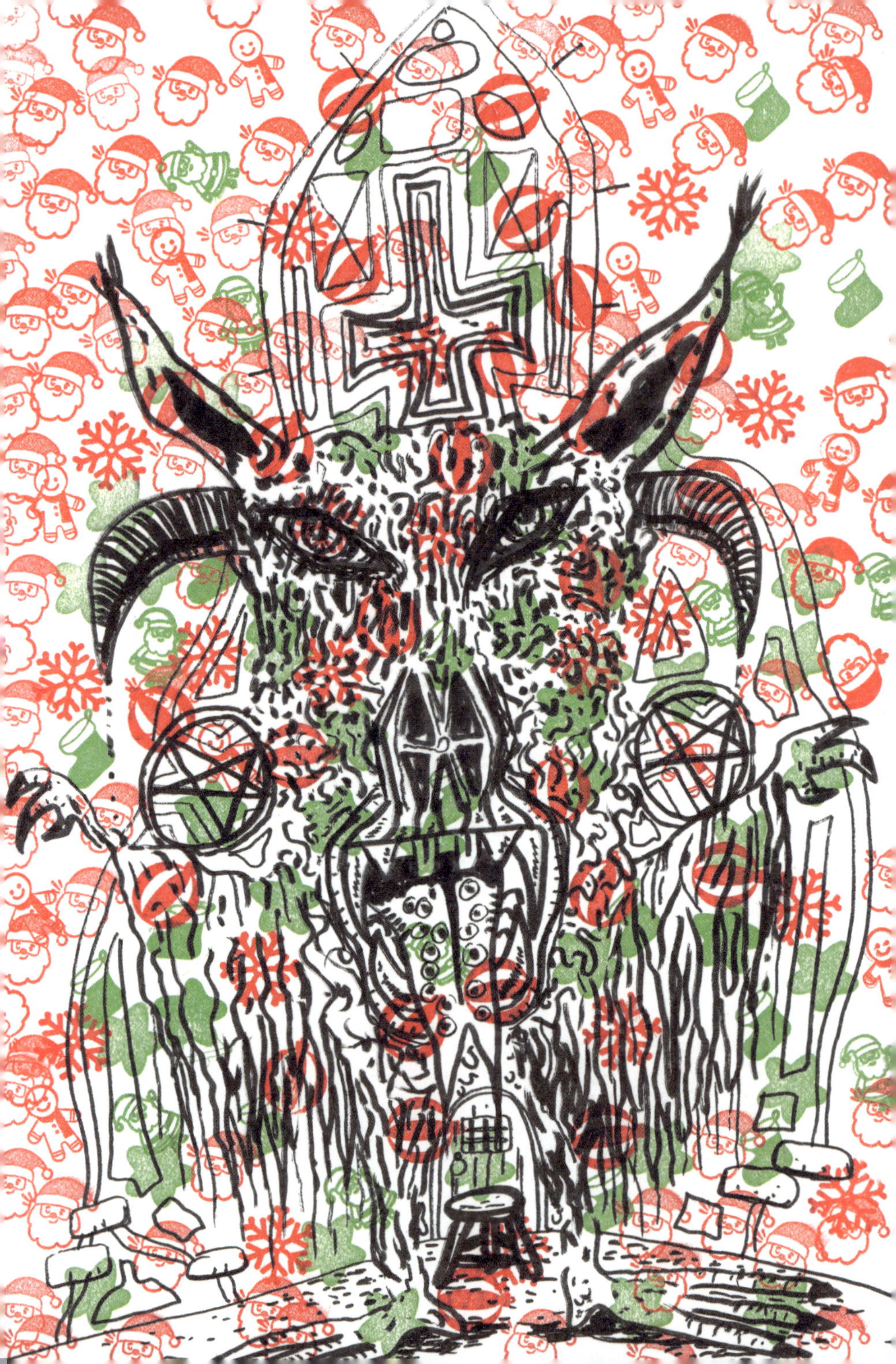

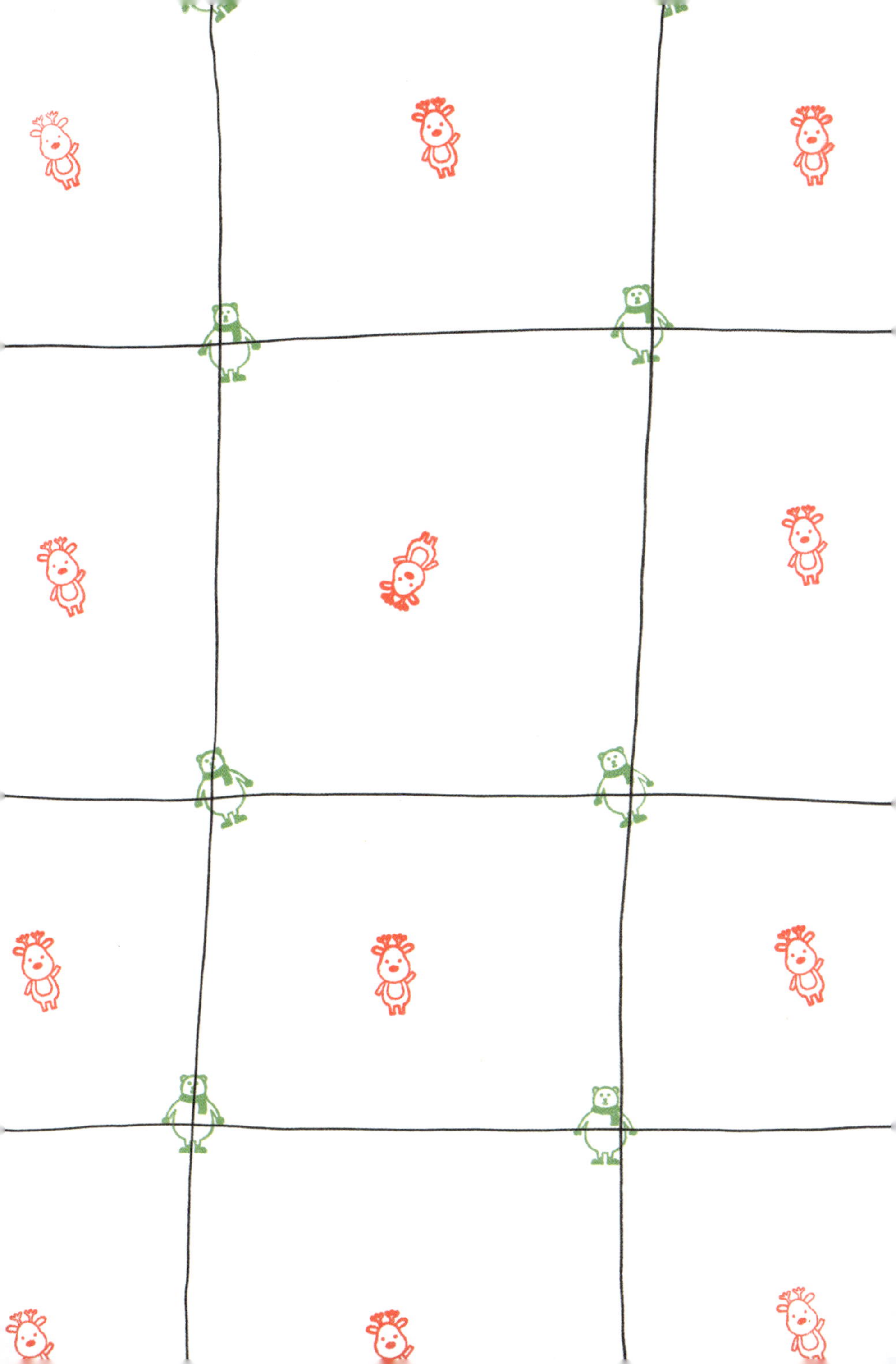

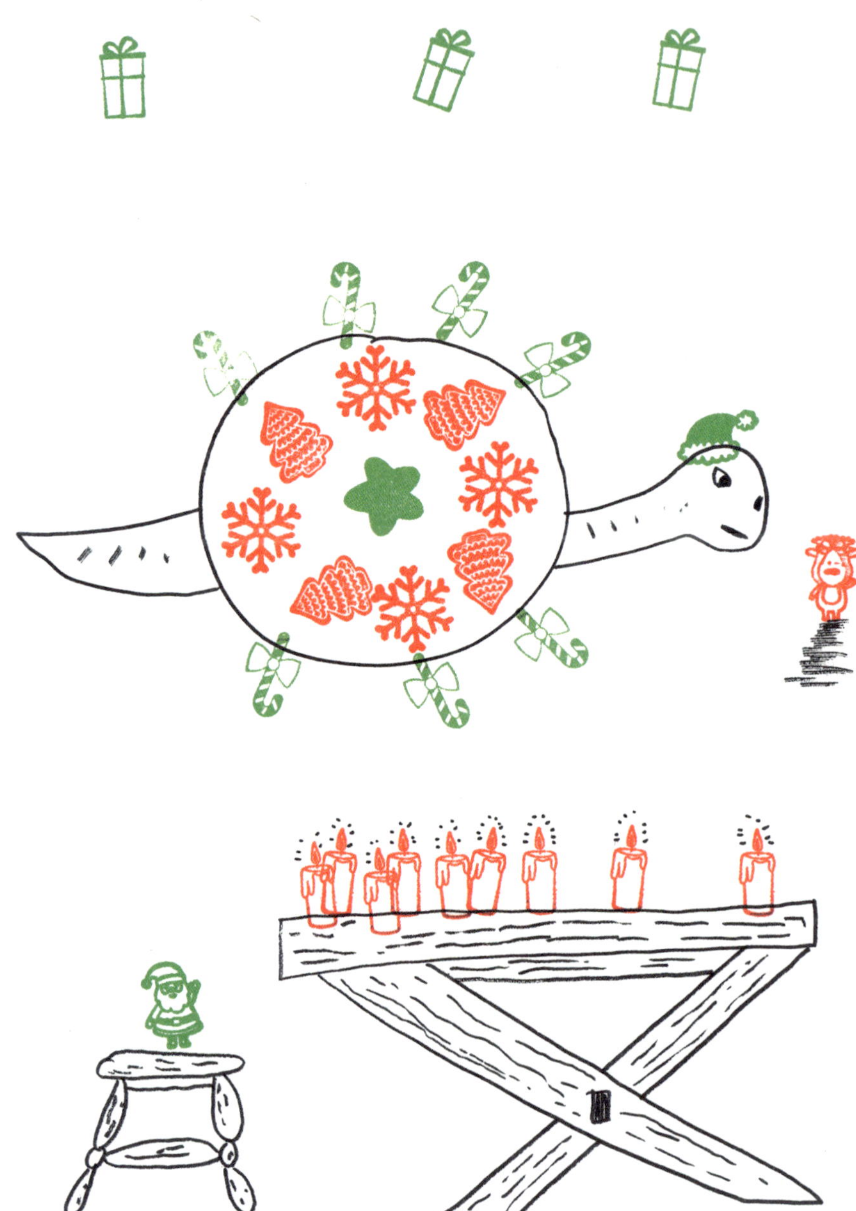

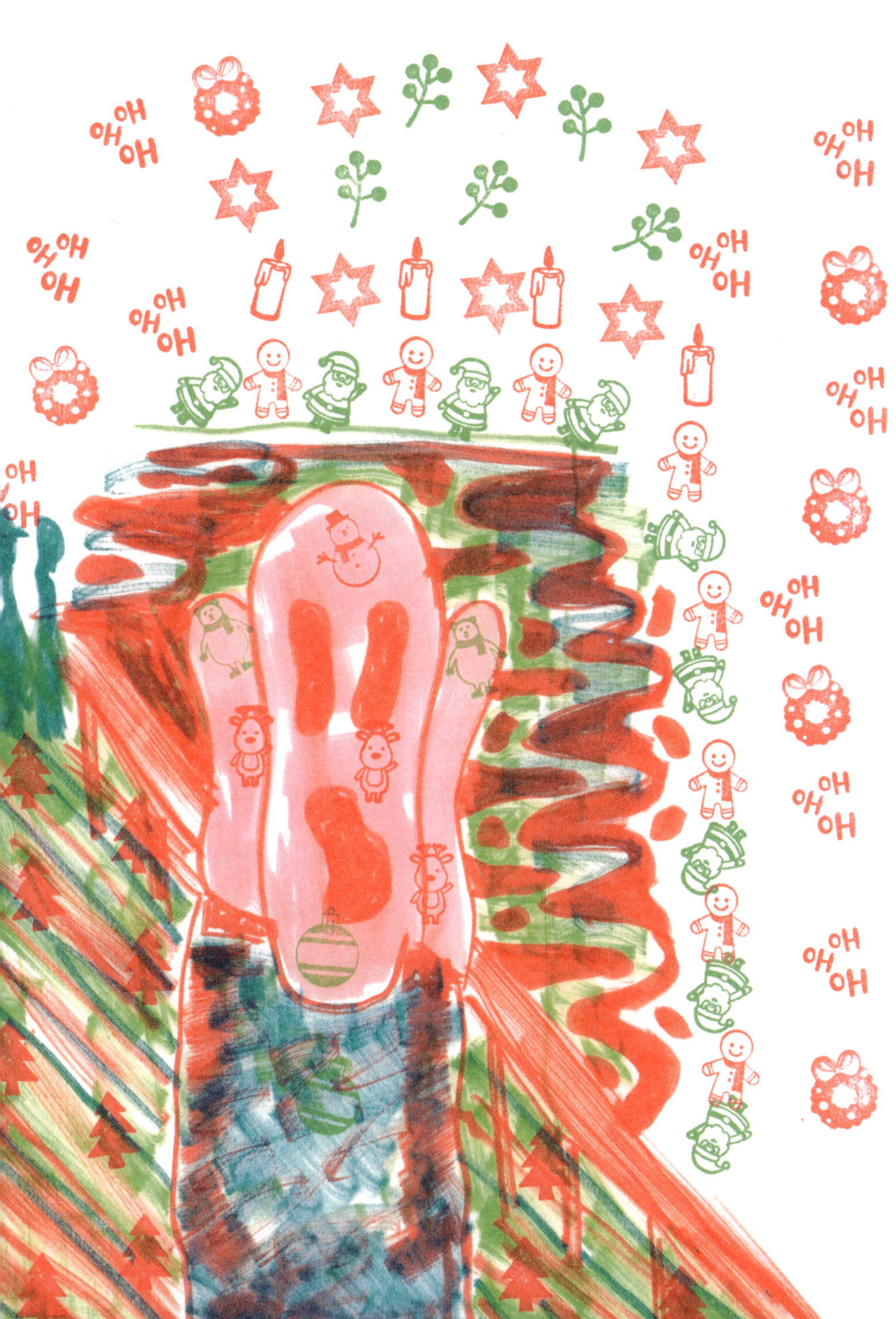
OH OH OH
OH OH OH
OH OH OH
OH OH OH
OH OH OH
OH OH OH
OH OH OH
OH OH OH
OH OH OH

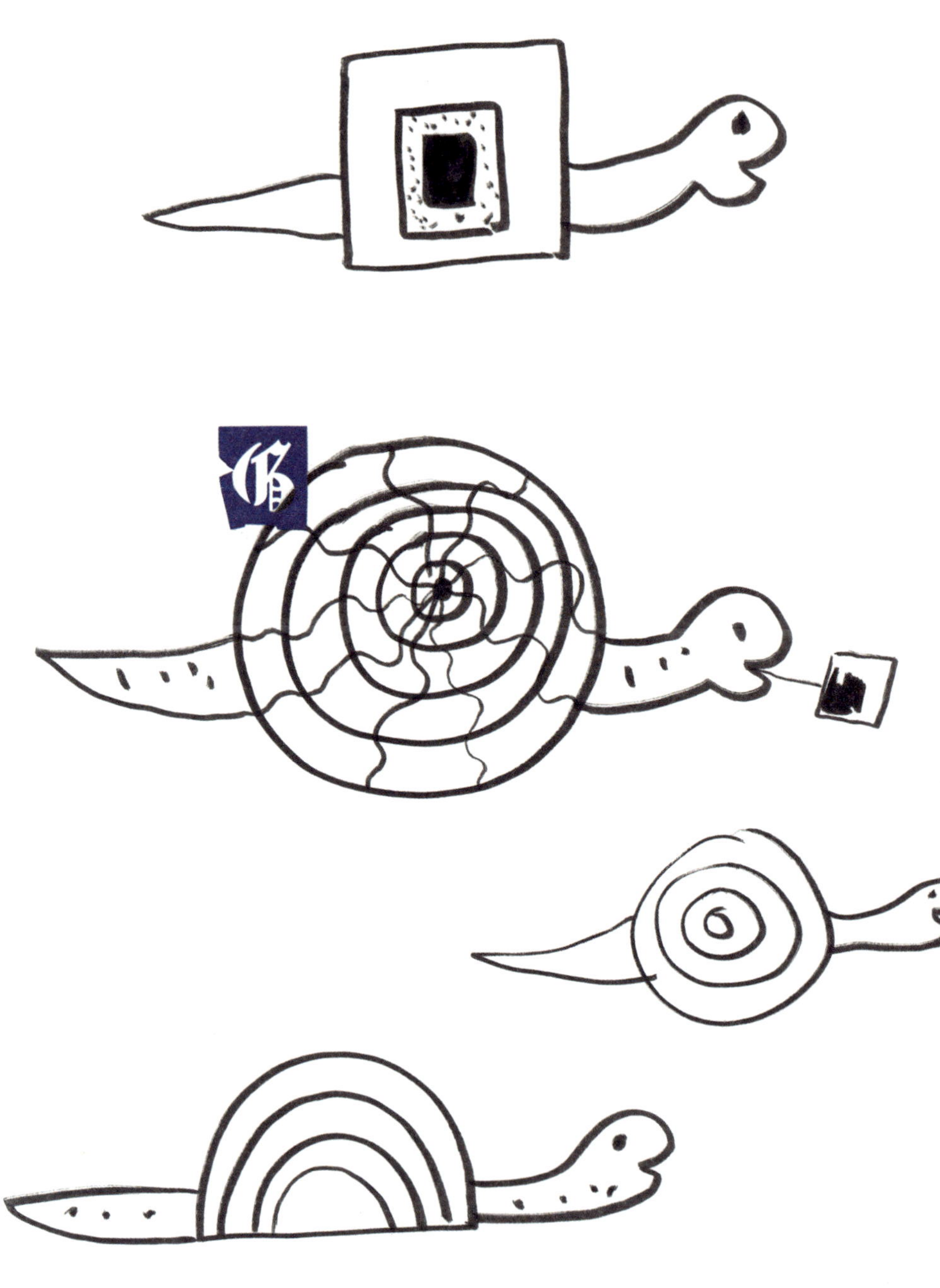

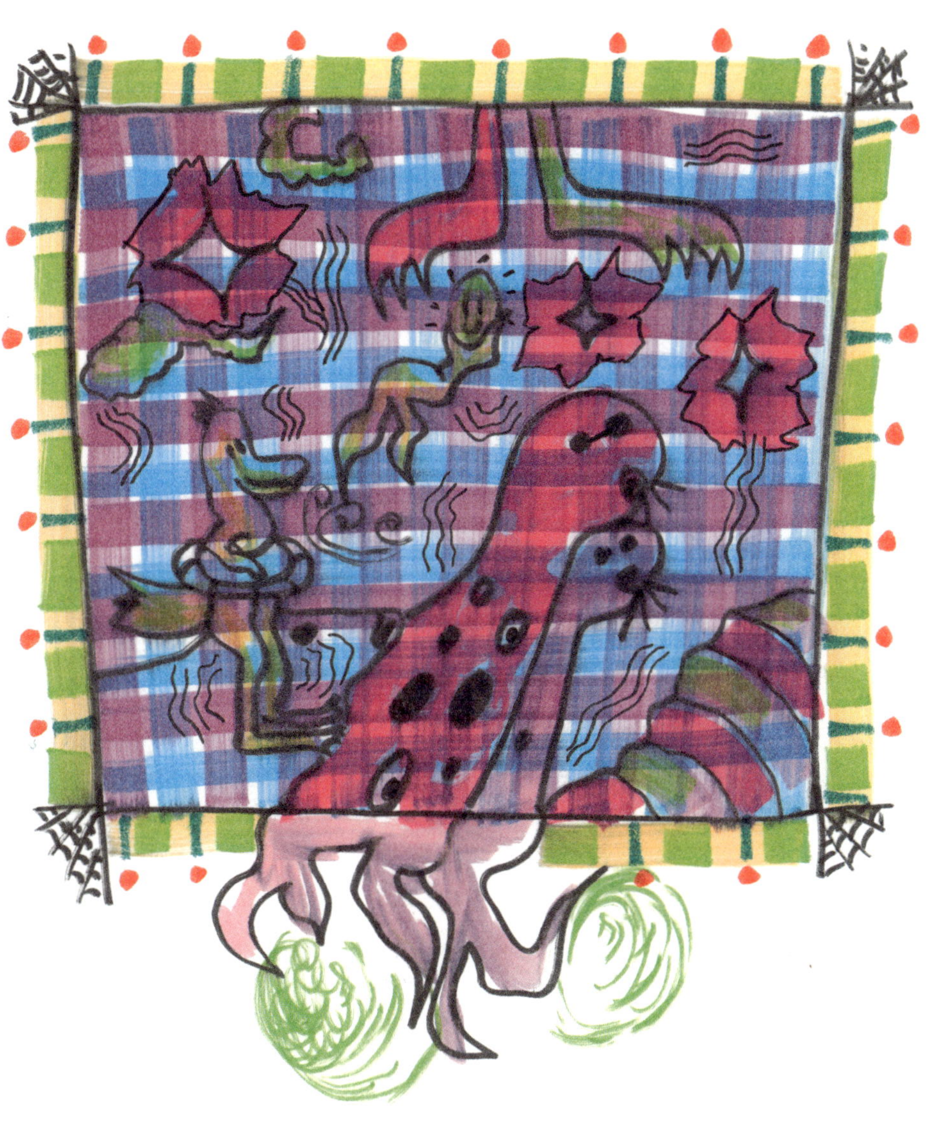

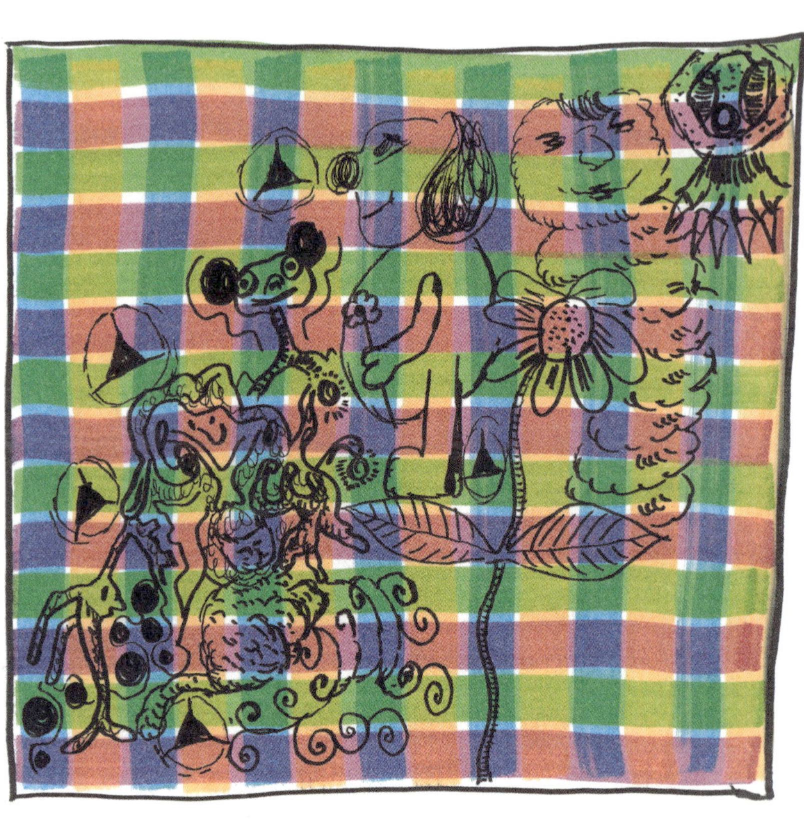

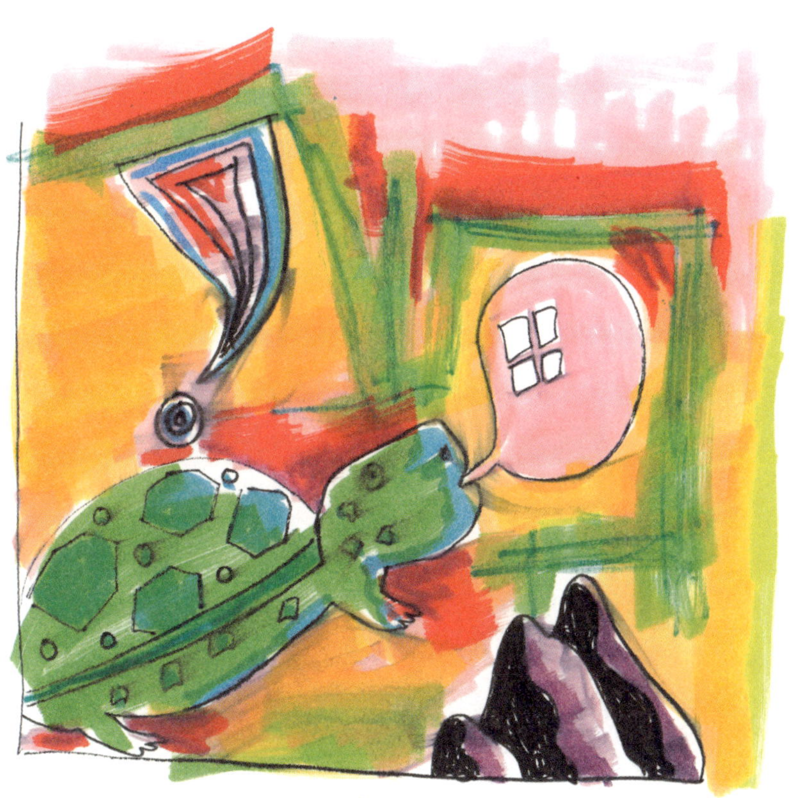

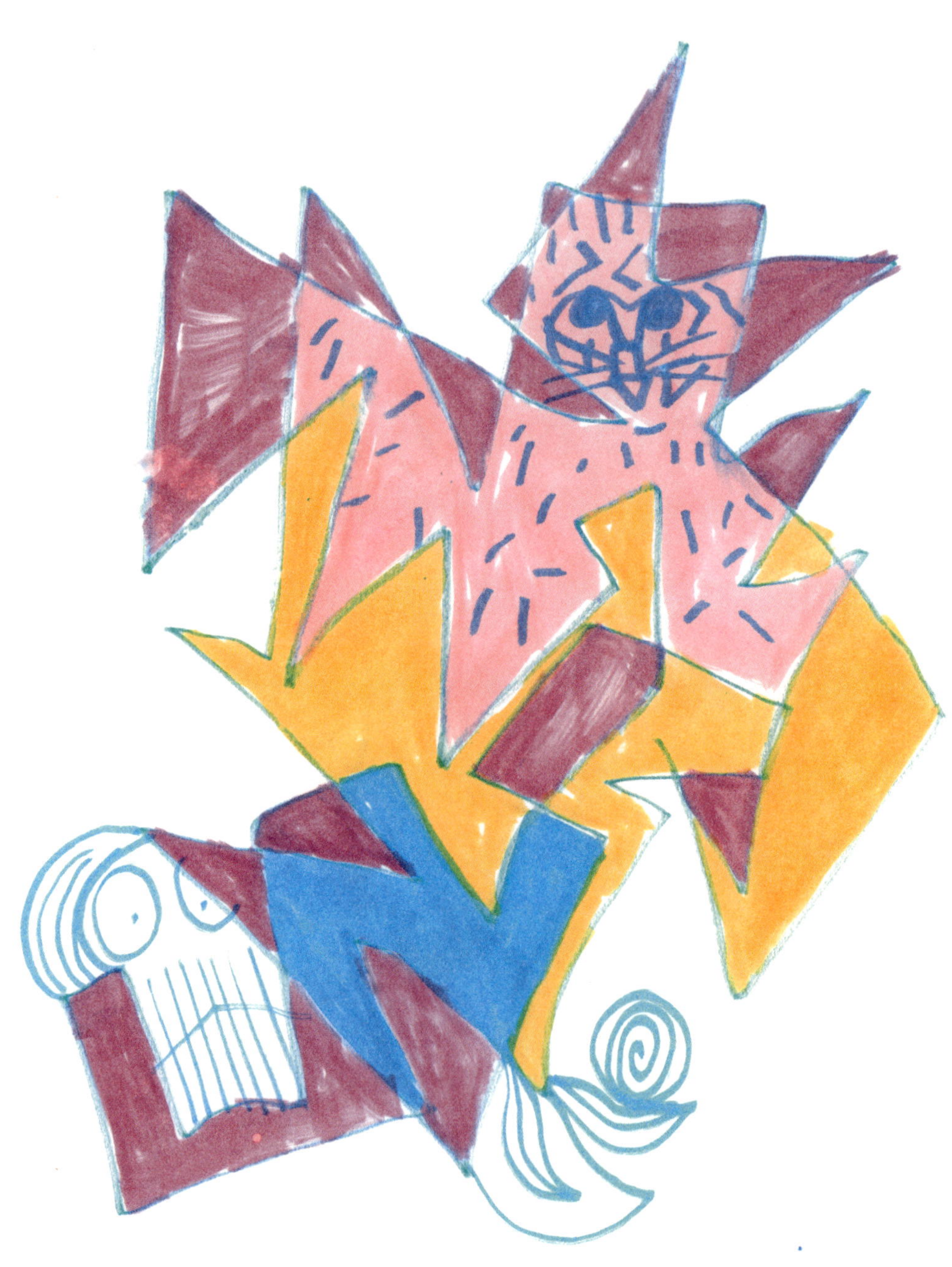

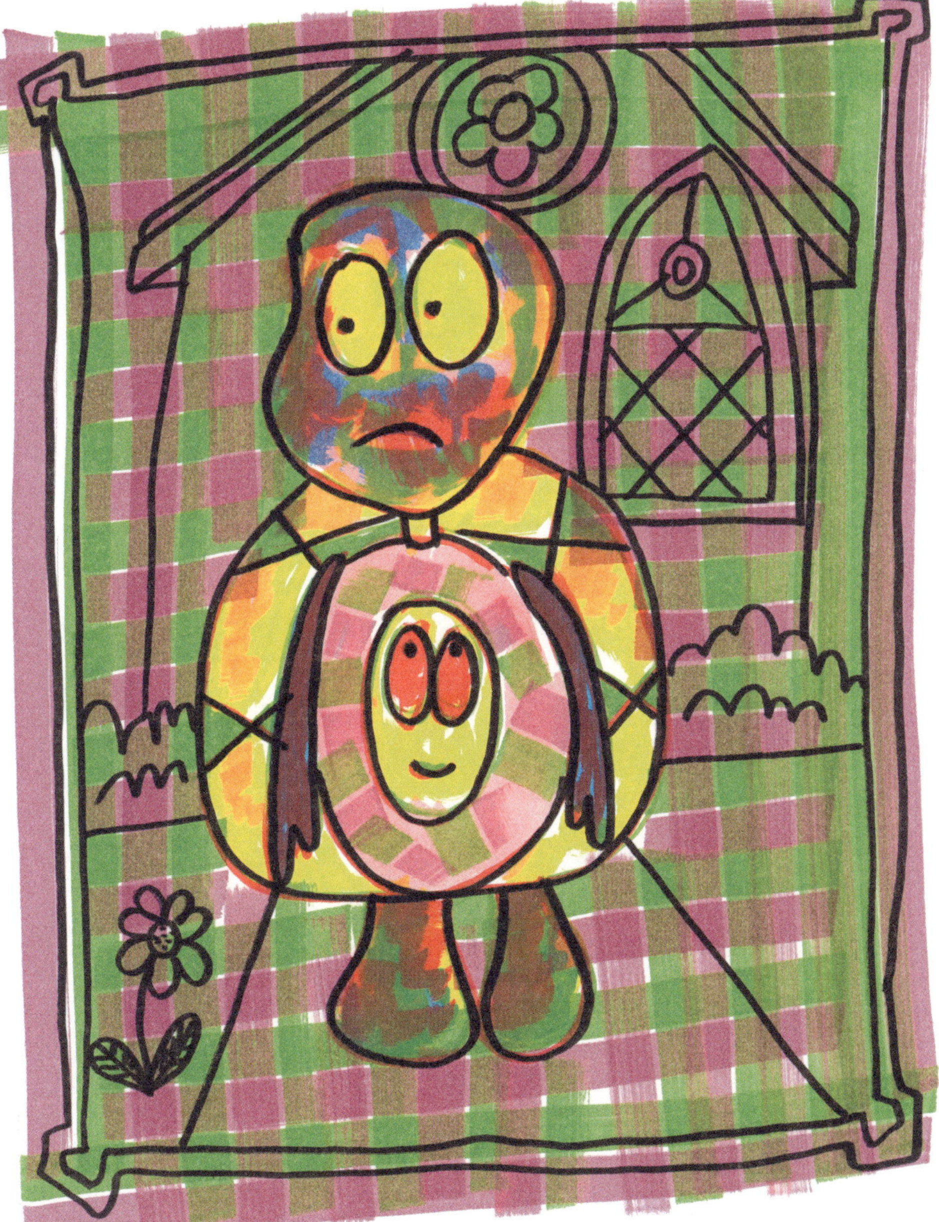

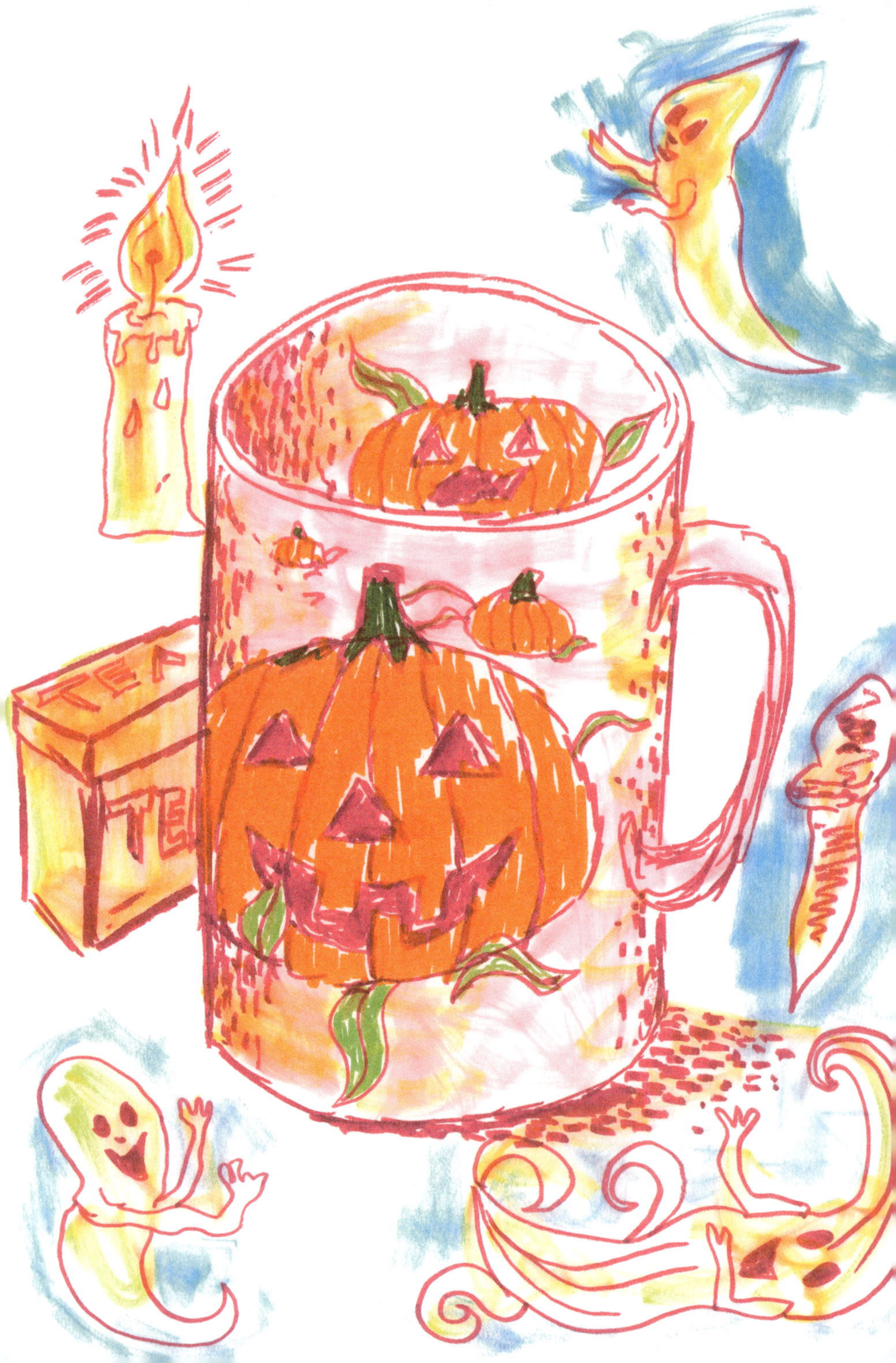

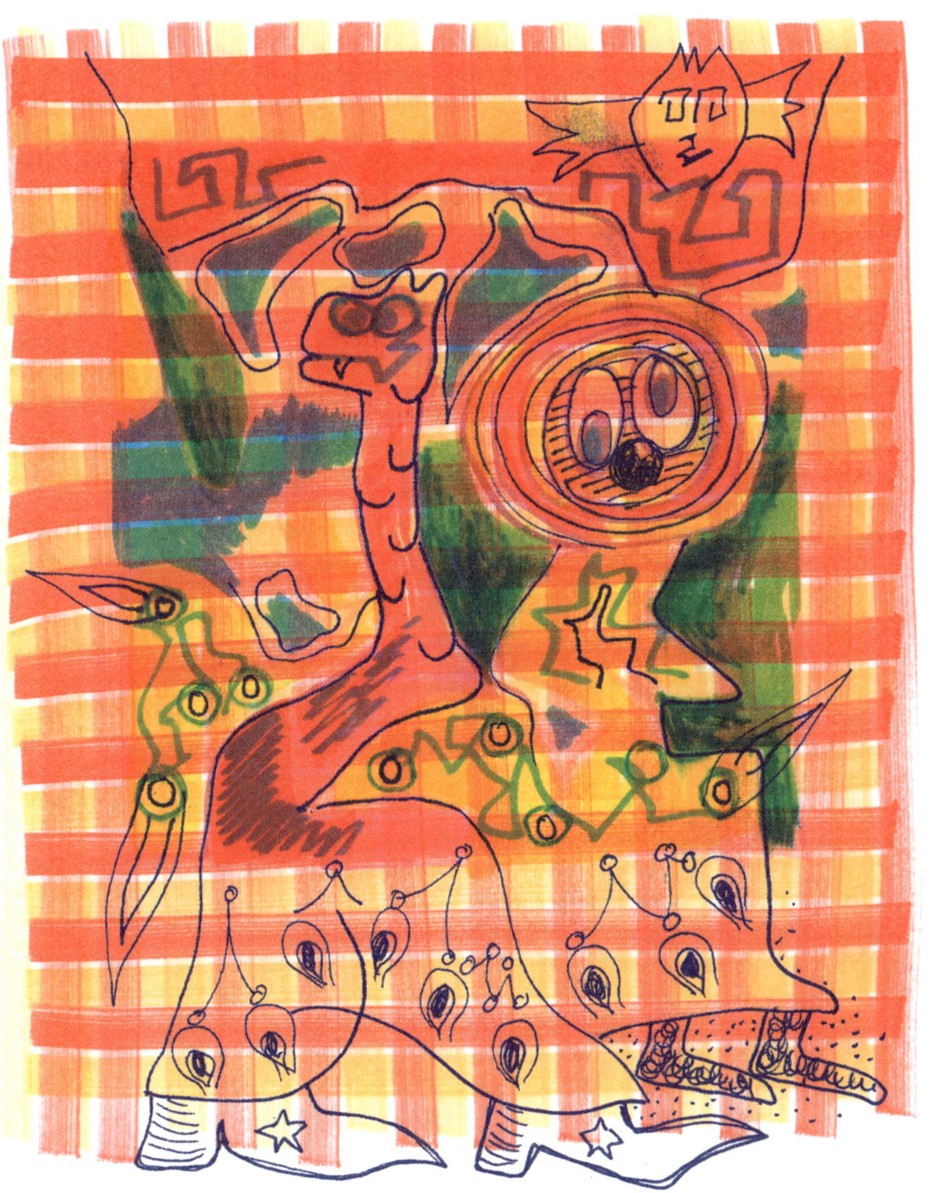

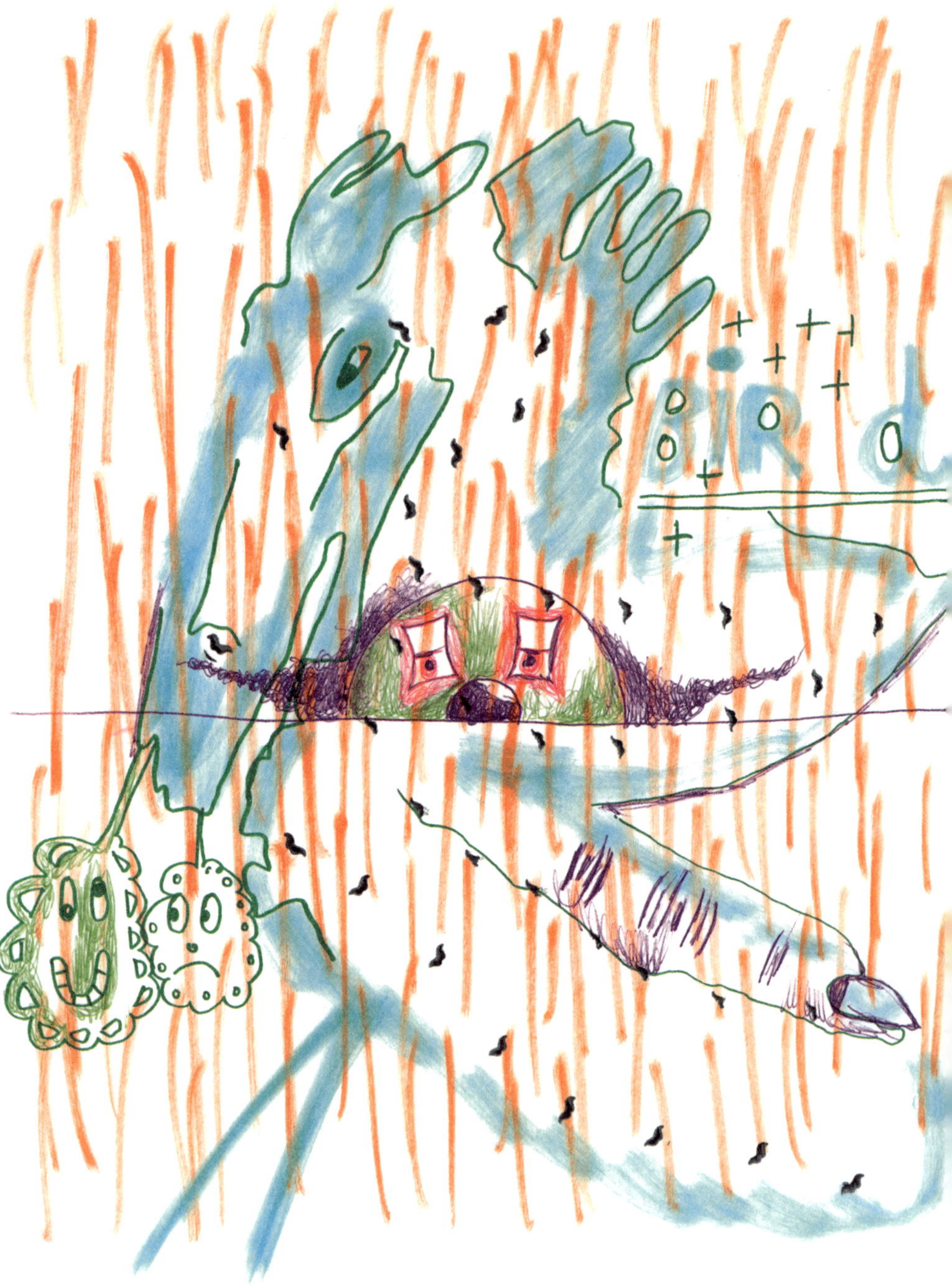

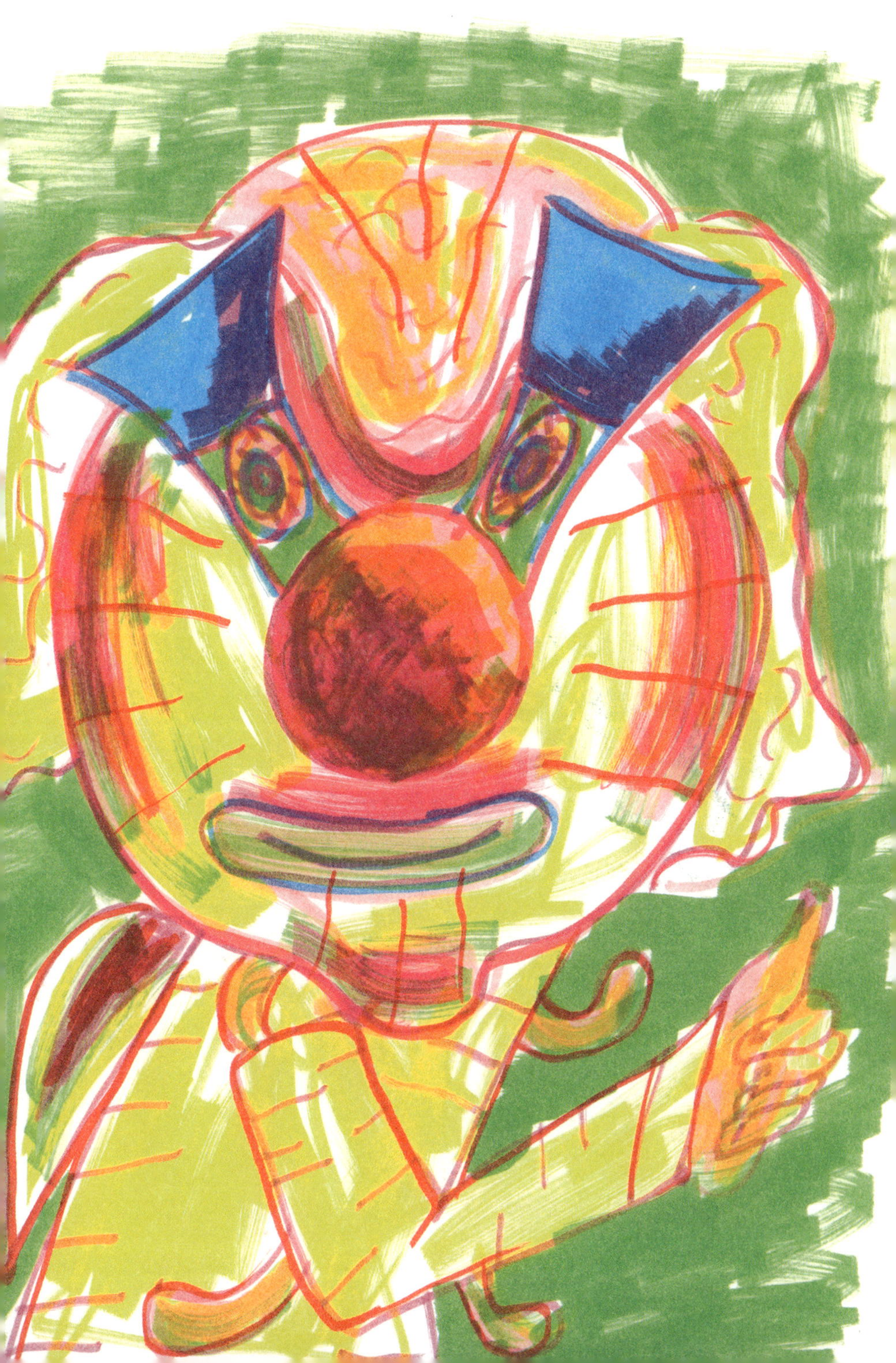

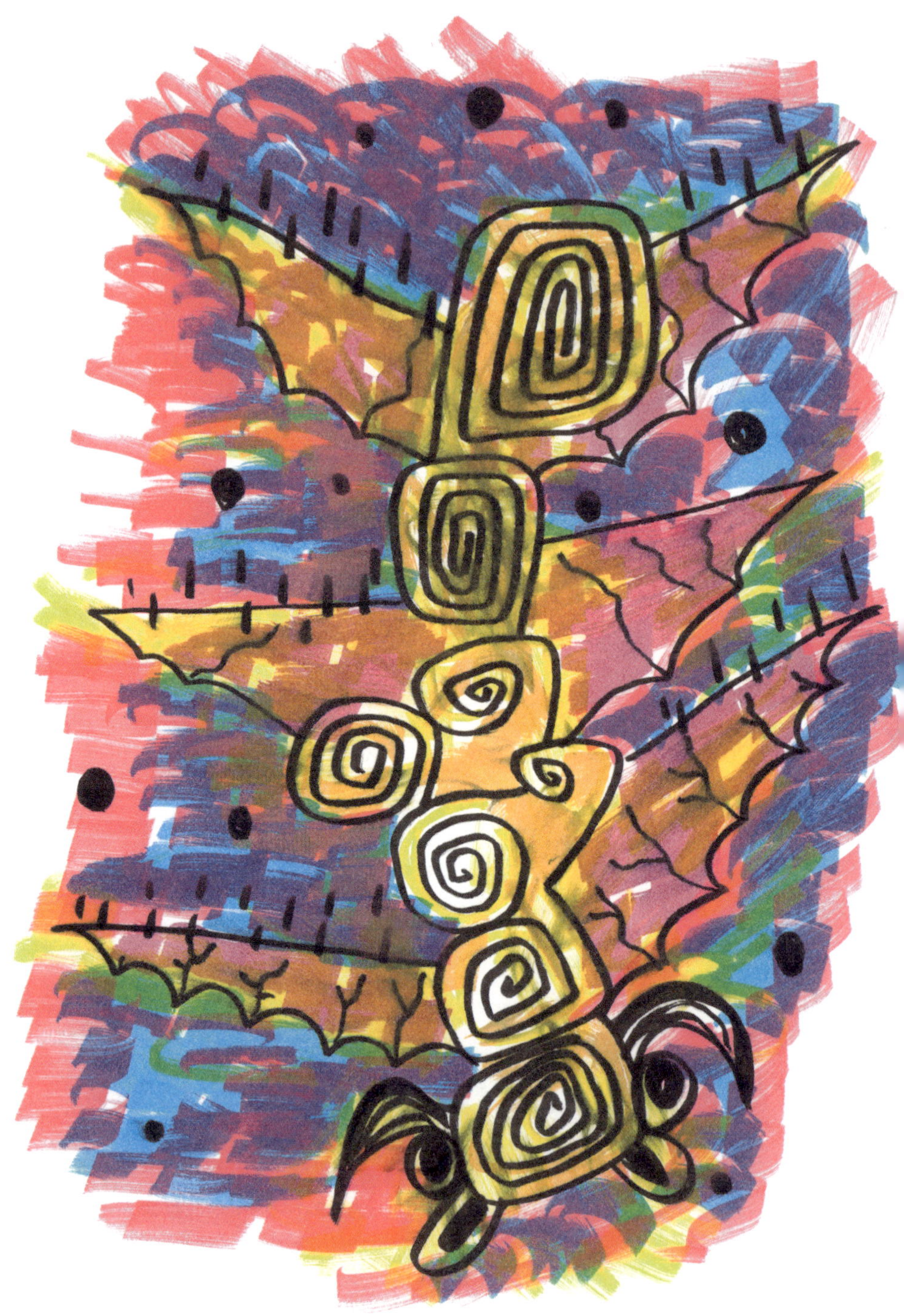

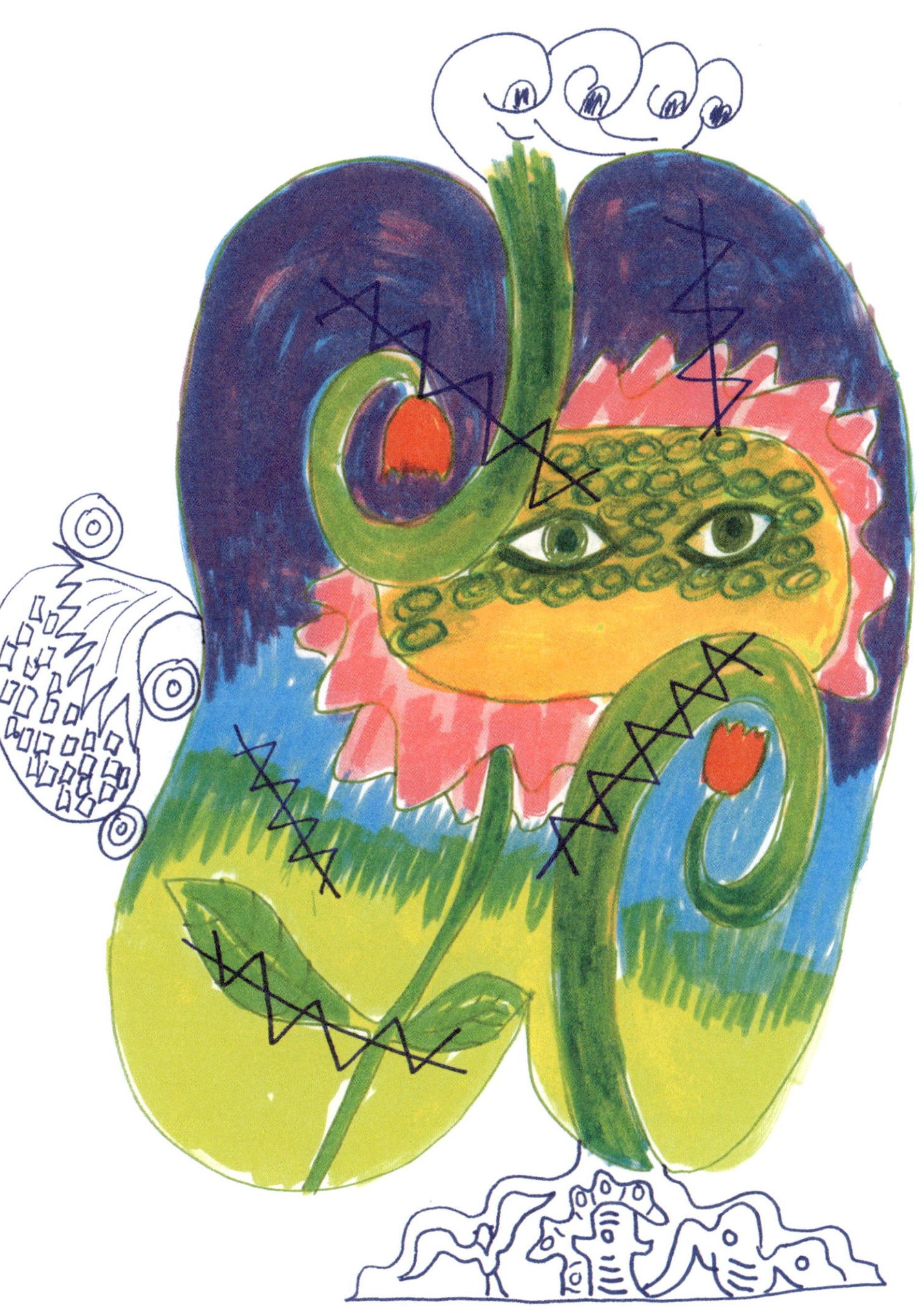

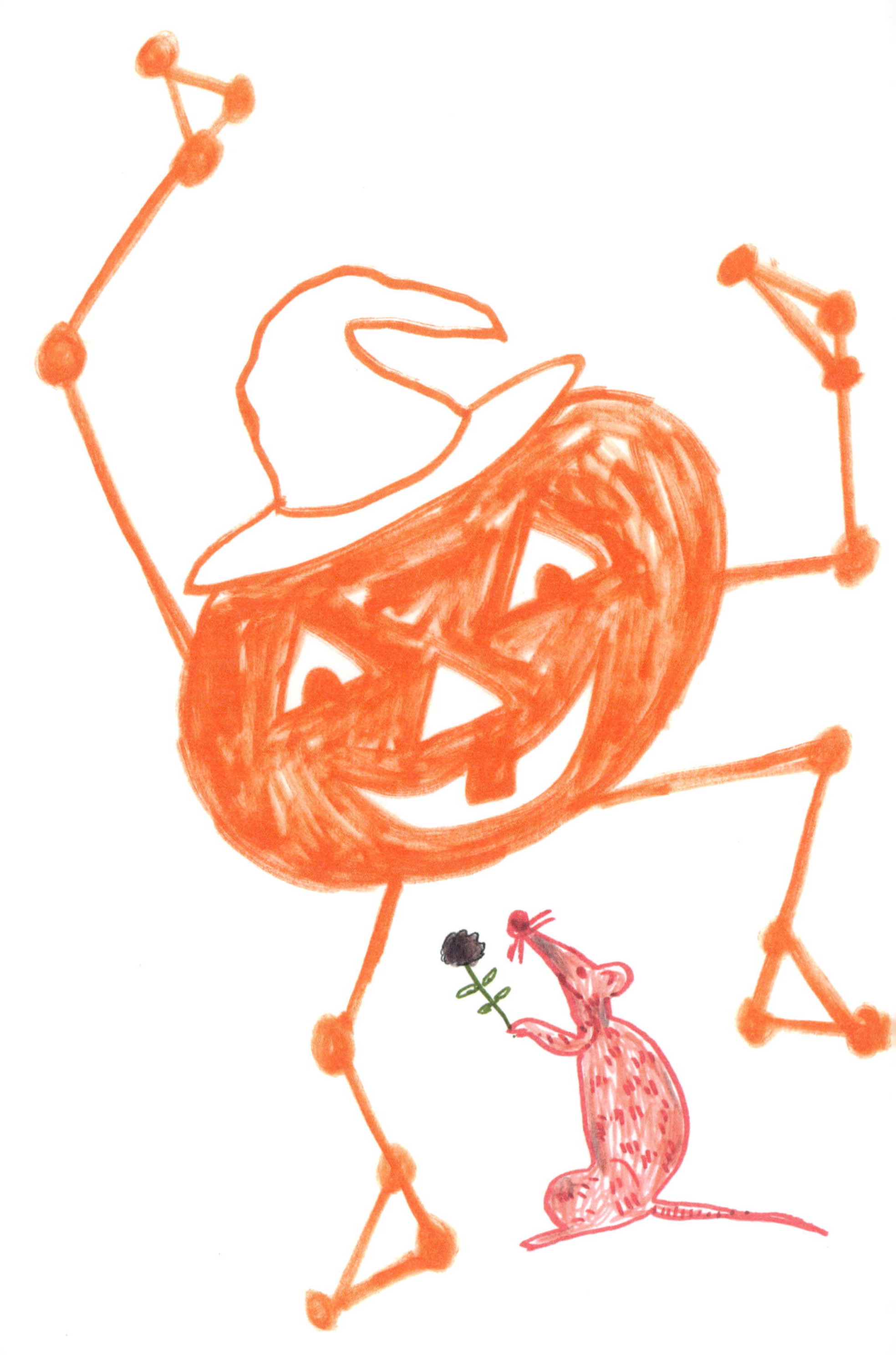

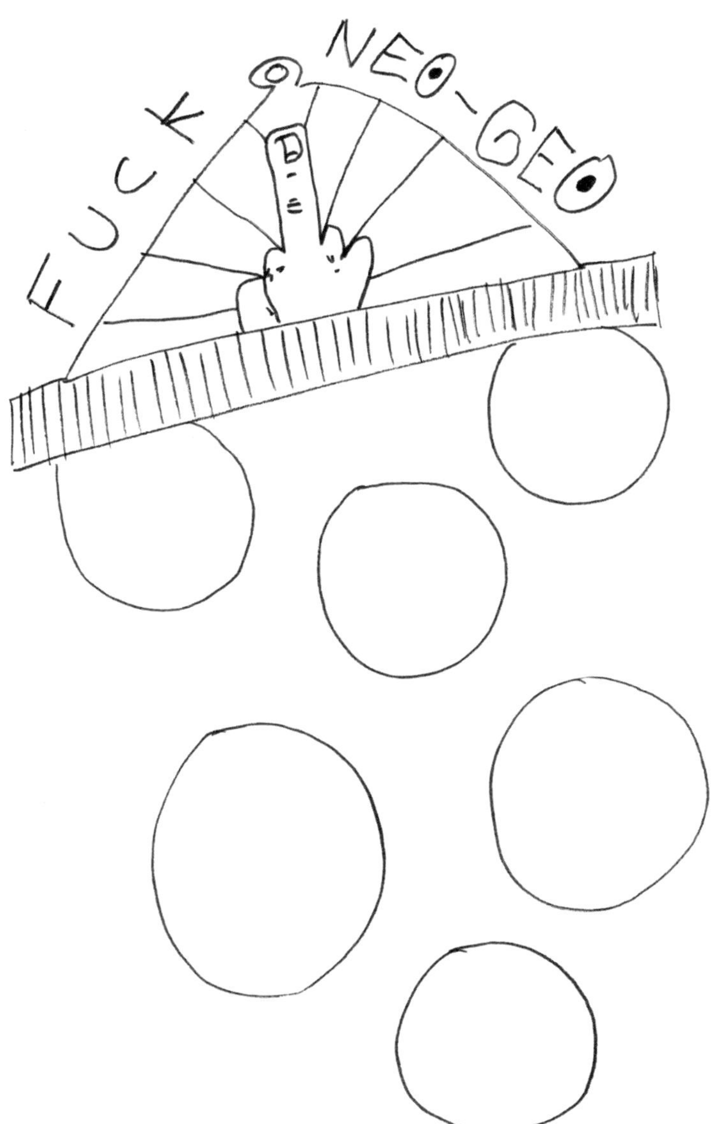
FUCK
NEO-GEO

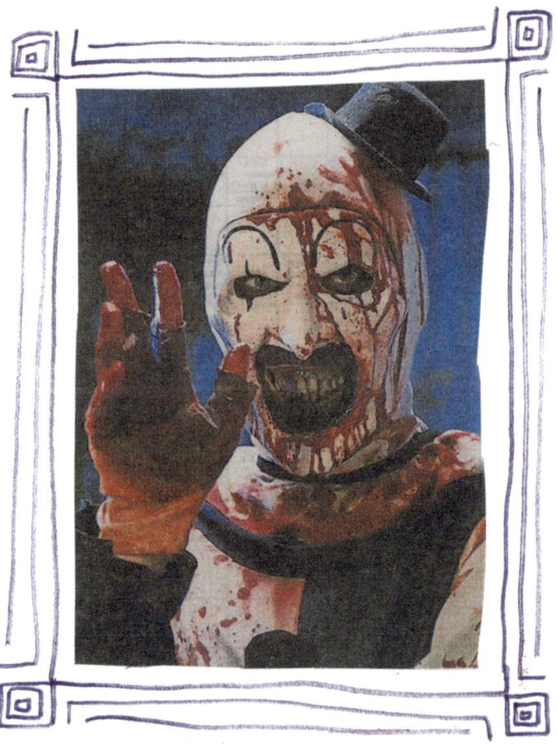

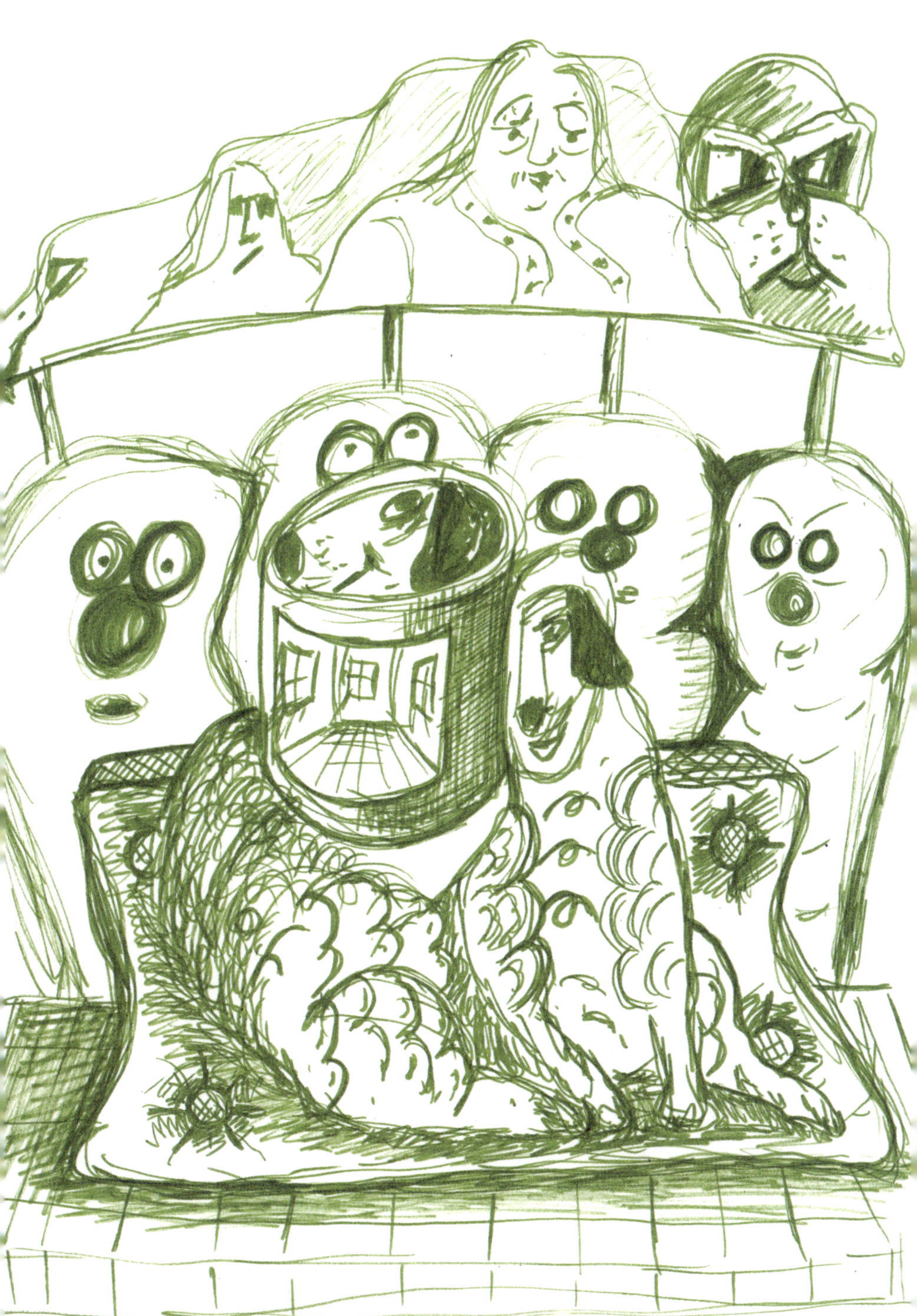

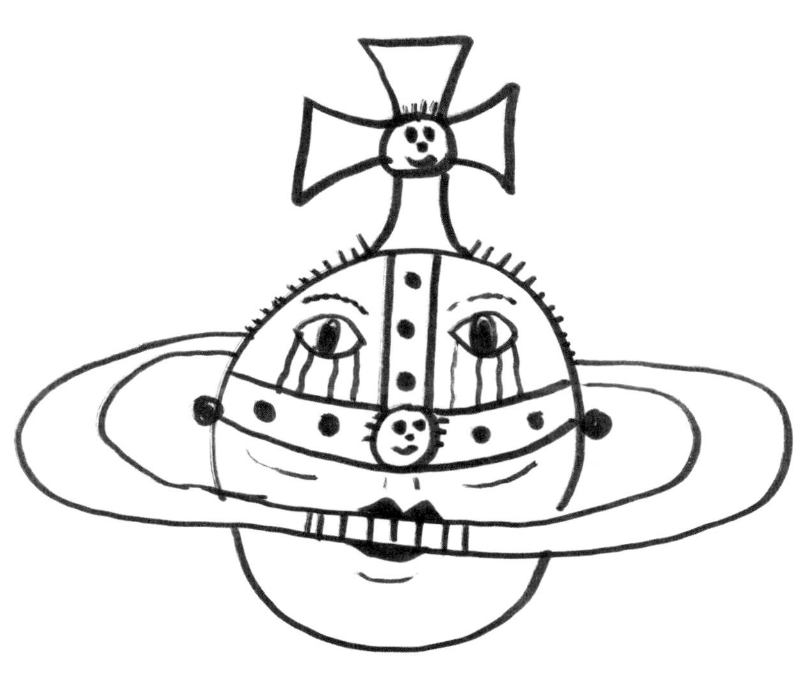

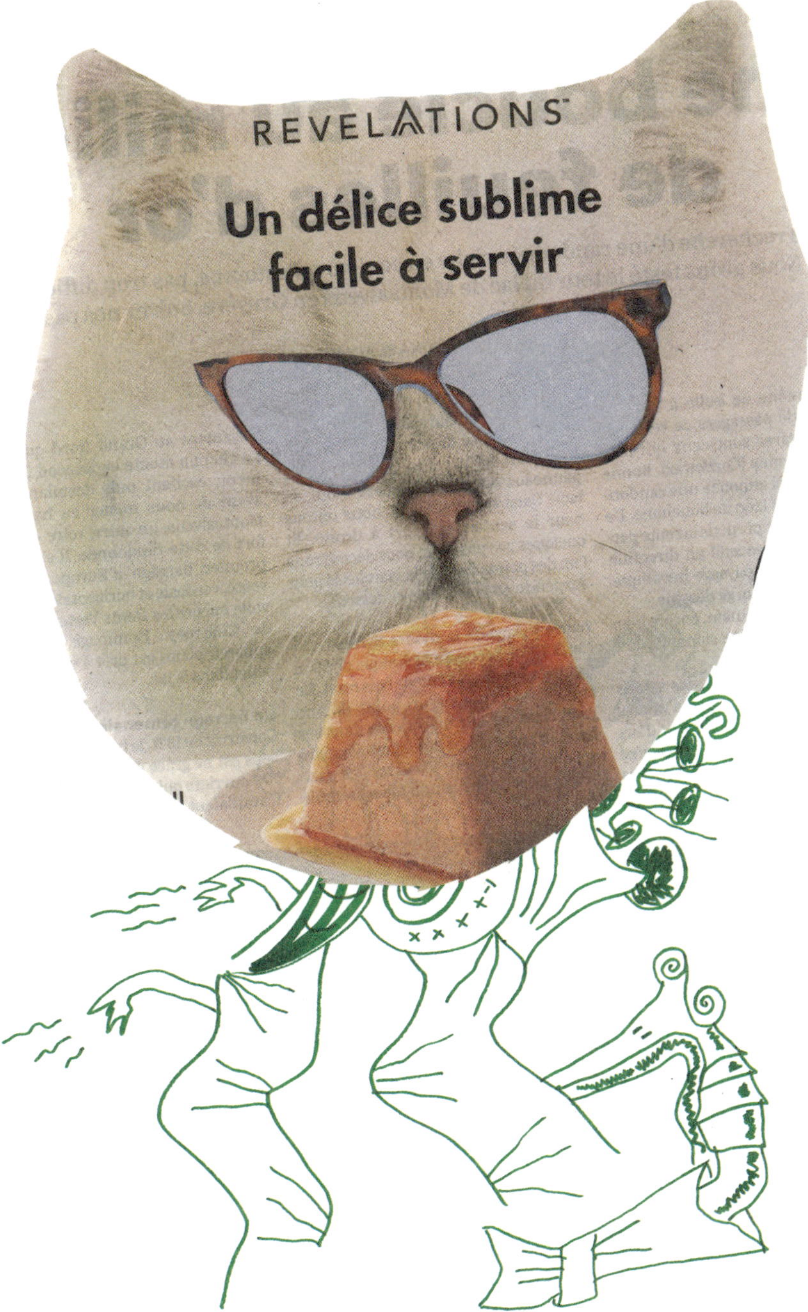
REVELATIONS™
Un délice sublime
facile à servir

Alice Pfeiffer

Le goût du moche

Flammarion

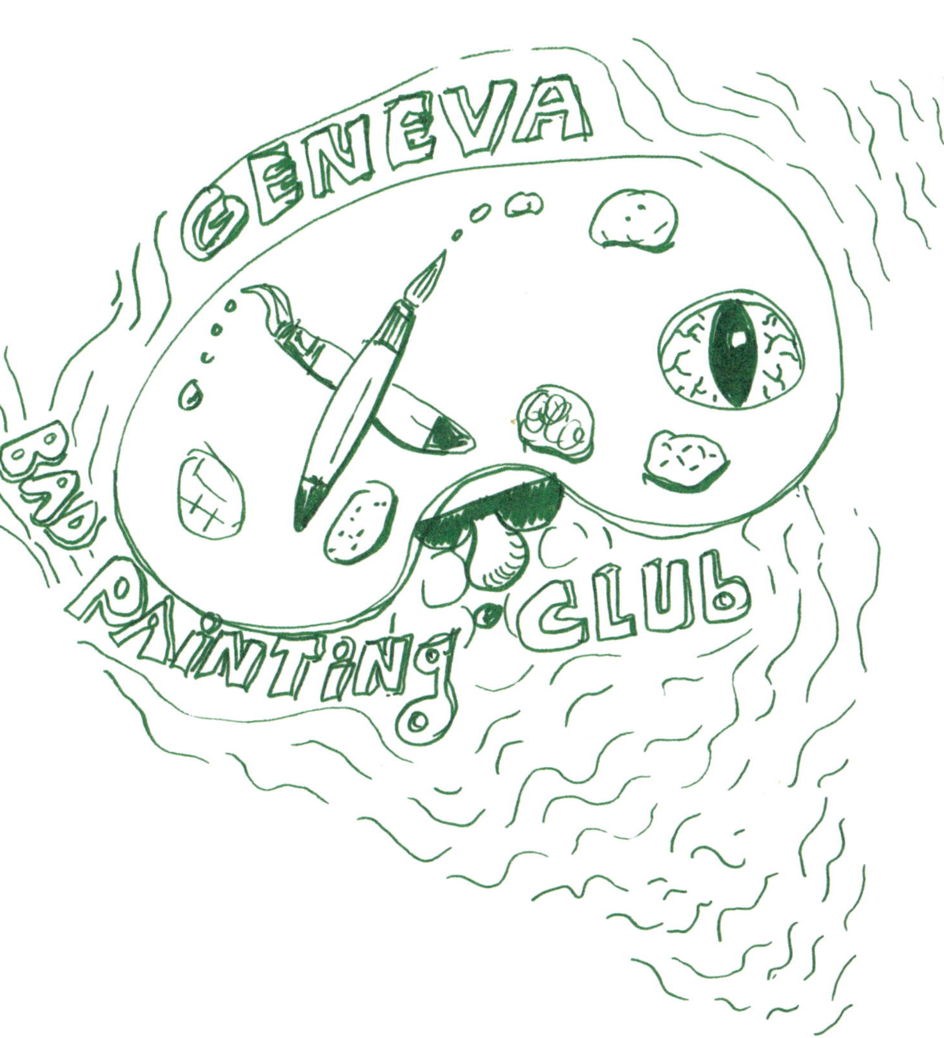
GENEVA
BAD PAINTING CLUB

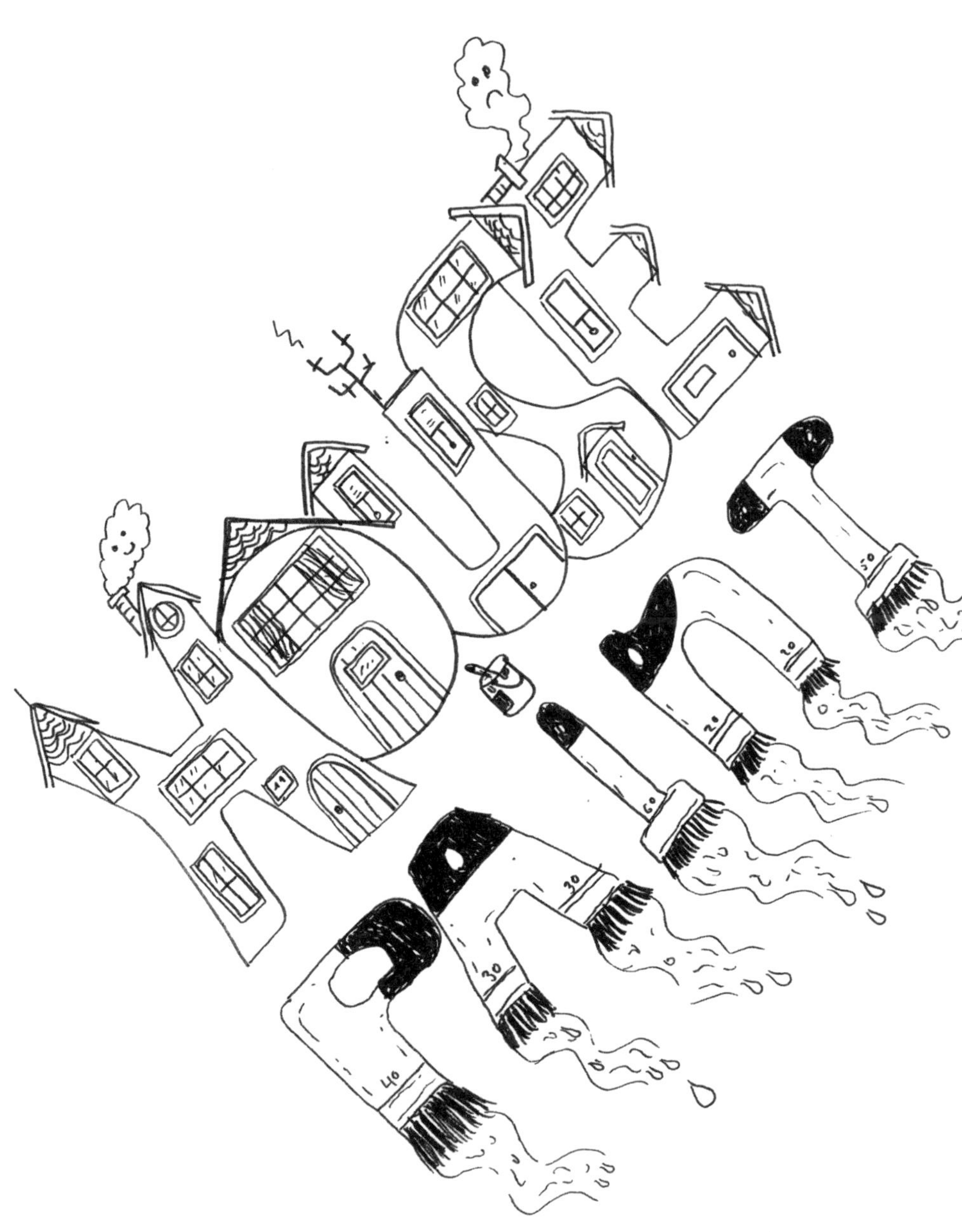

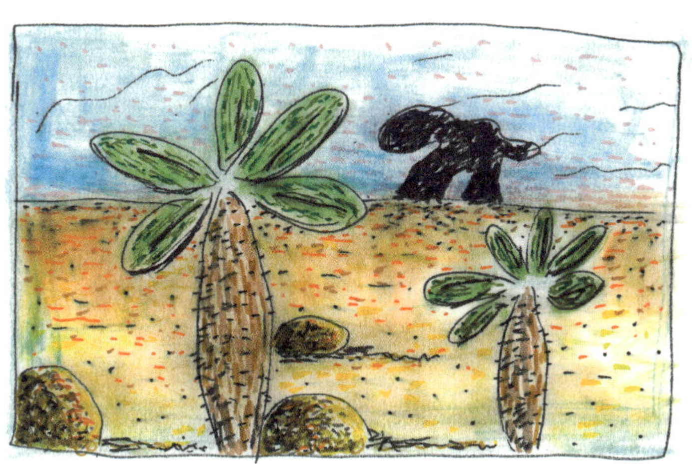

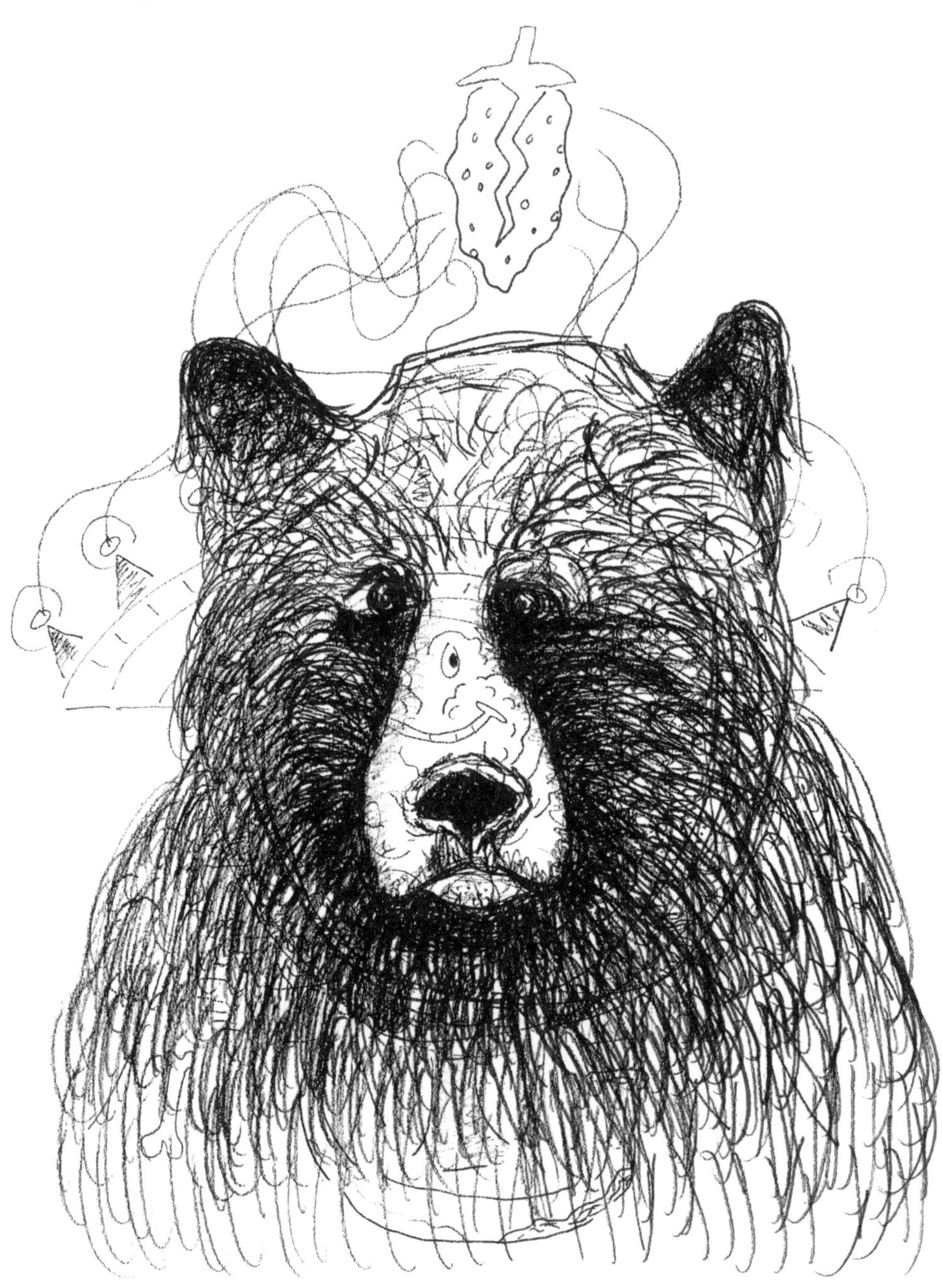

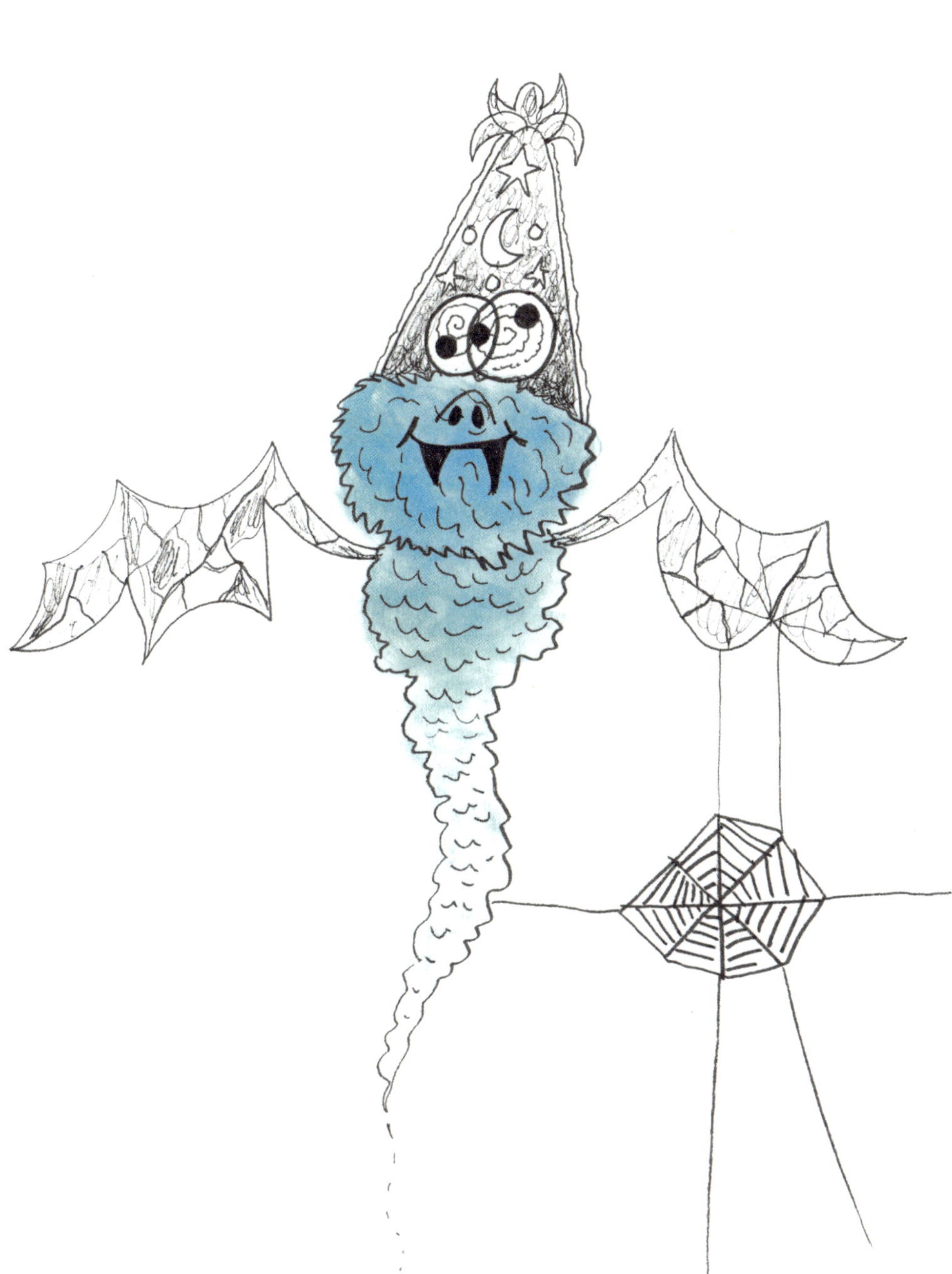

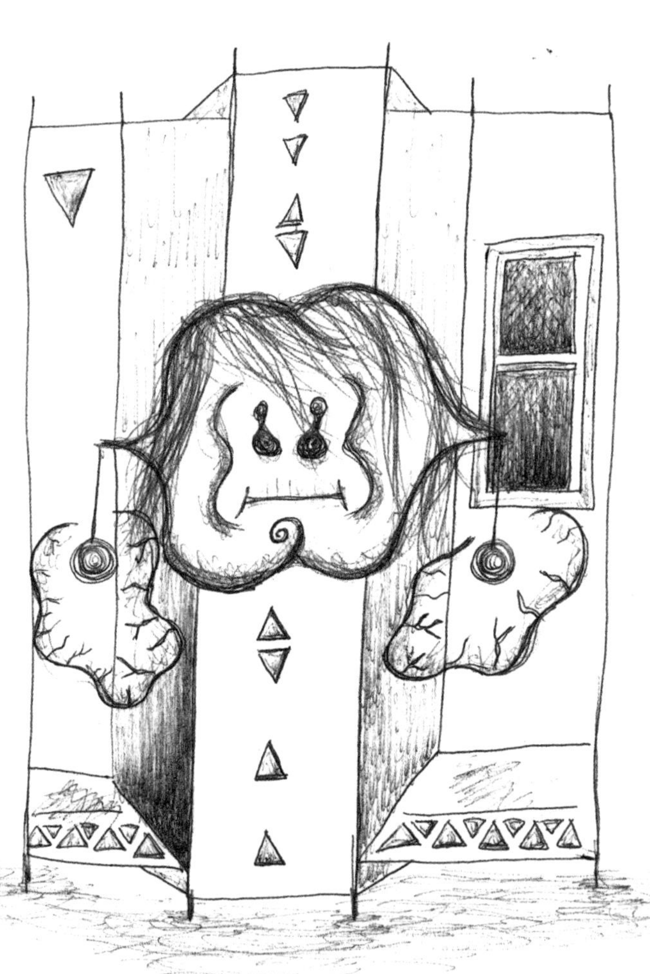

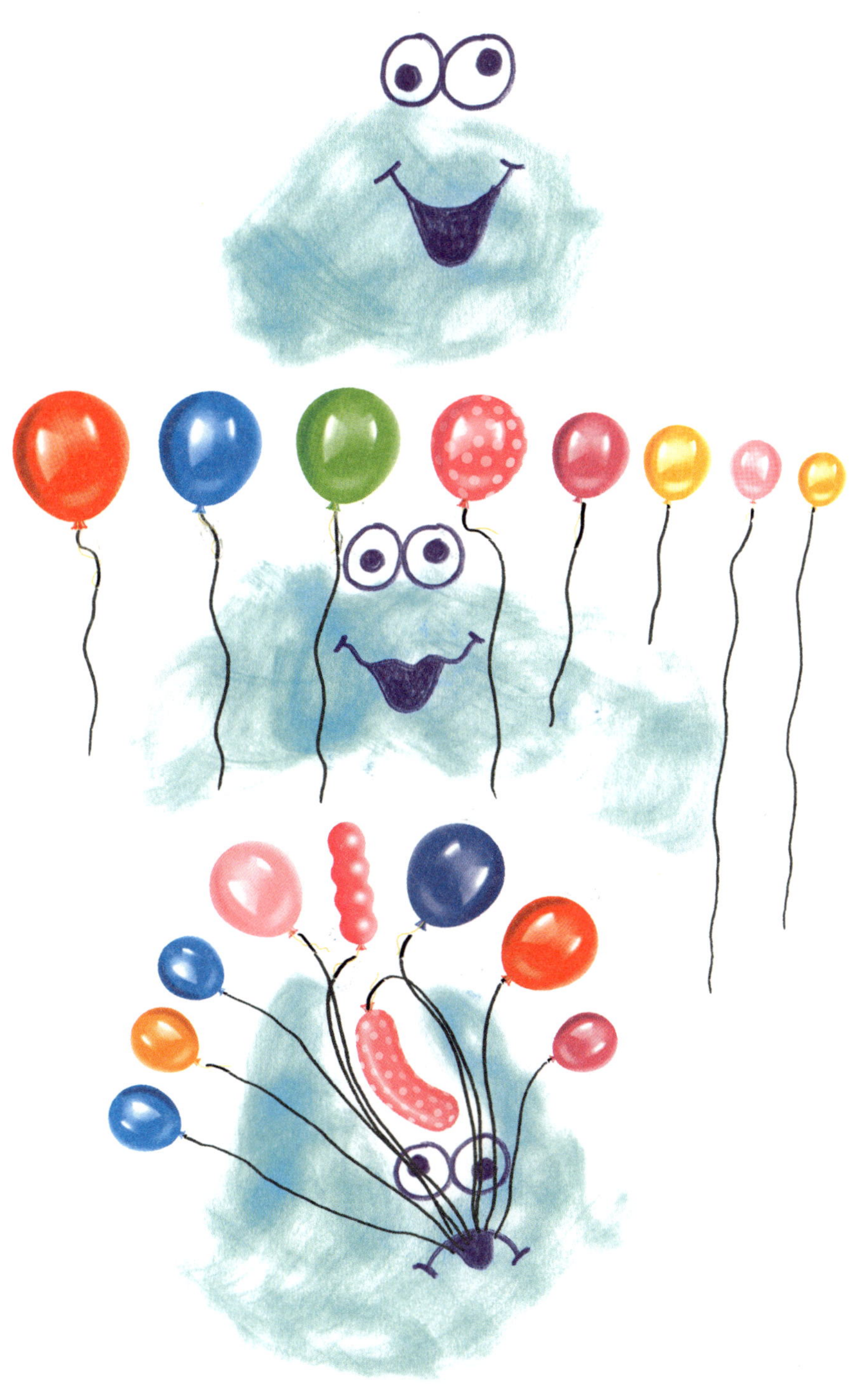

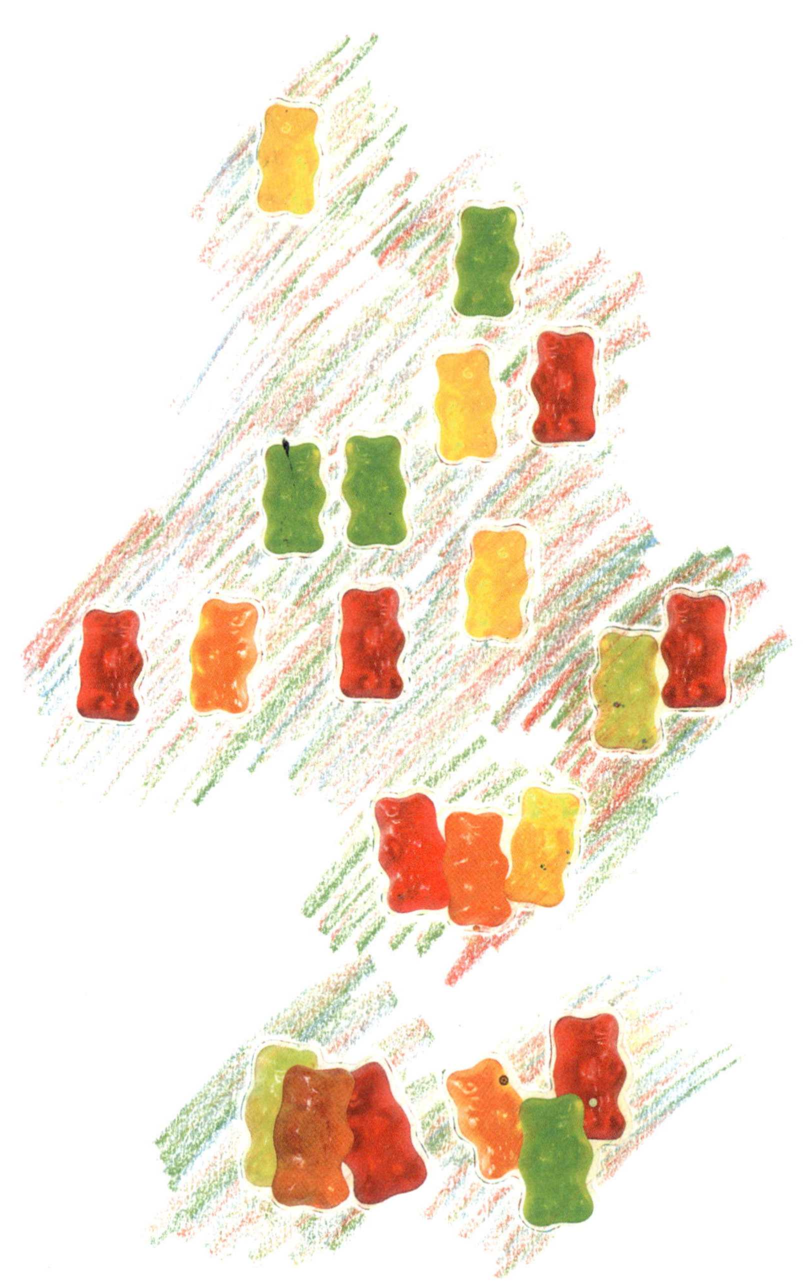

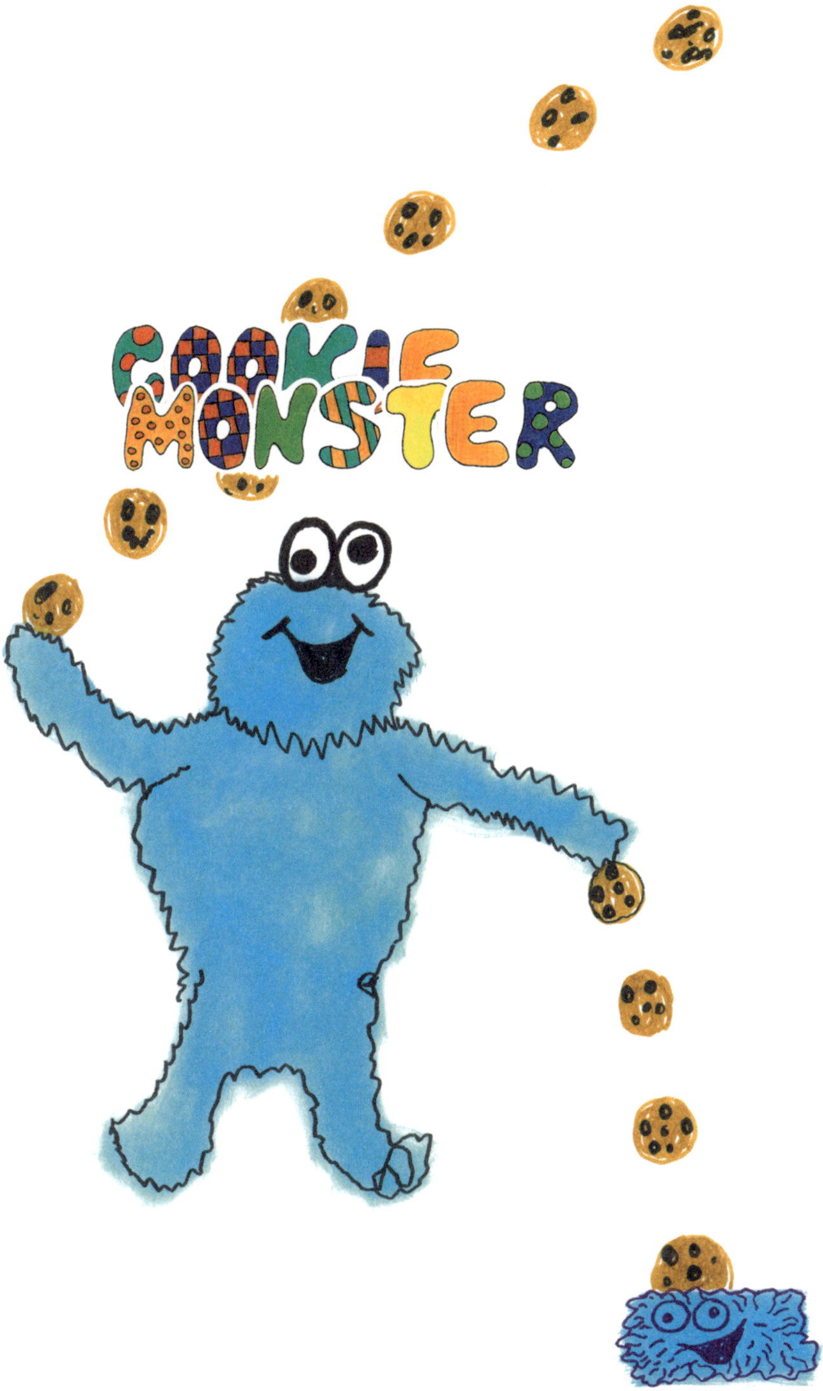

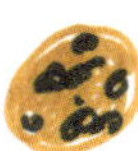

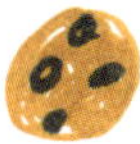

COOKIE MONSTER

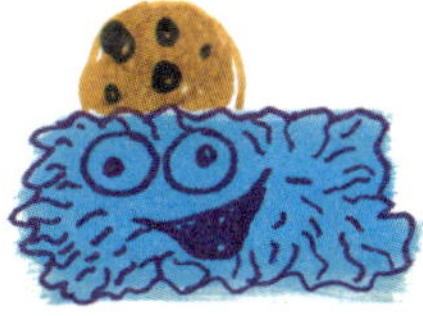

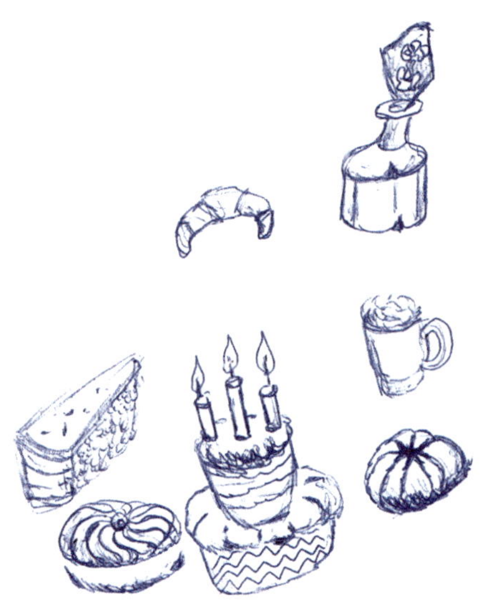

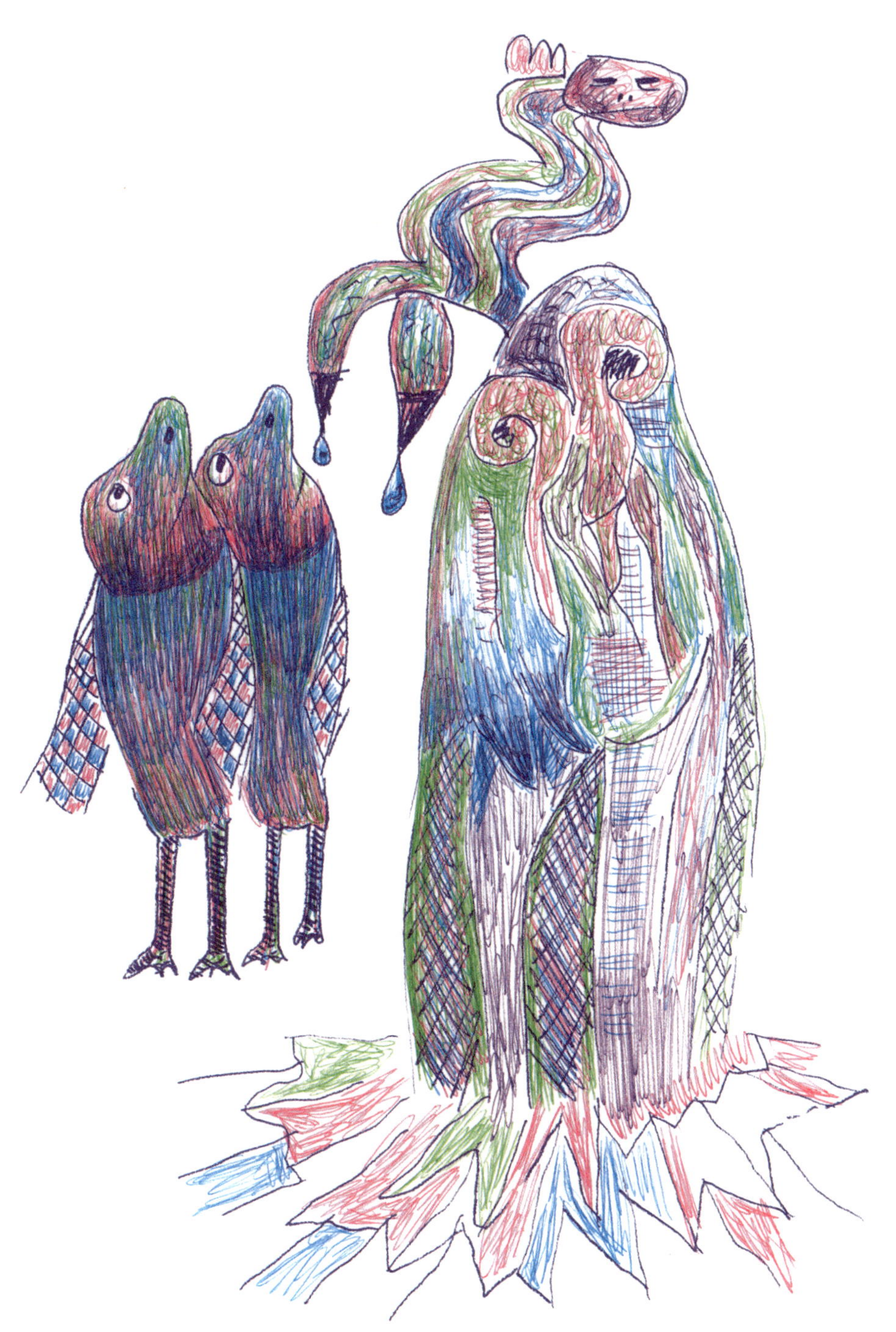

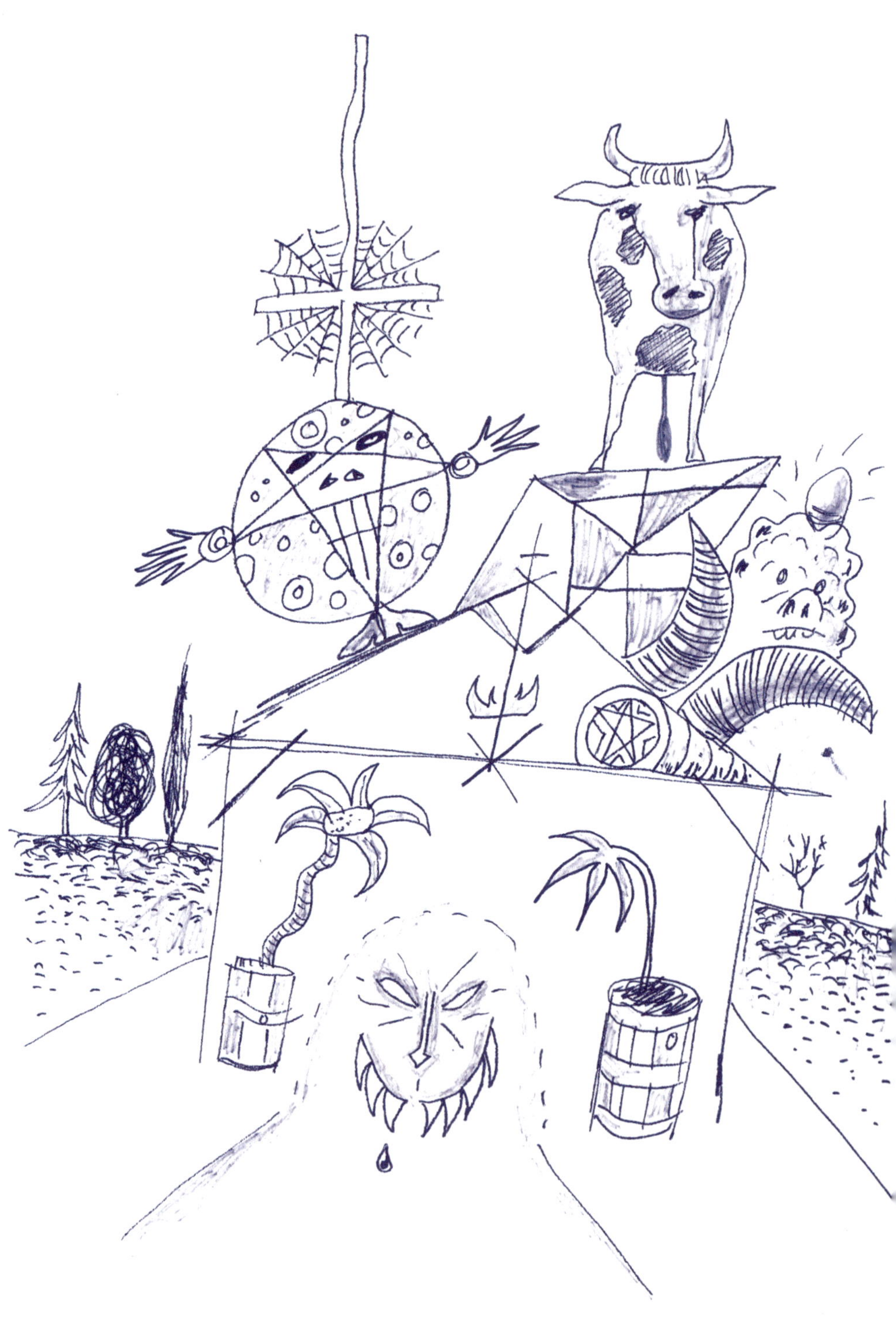

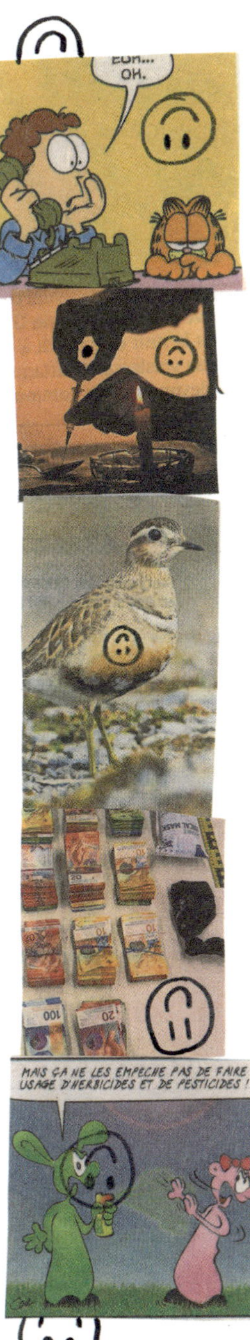
OH.
MAIS ÇA NE LES EMPECHE PAS DE FAIRE USAGE D'HERBICIDES ET DE PESTICIDES !

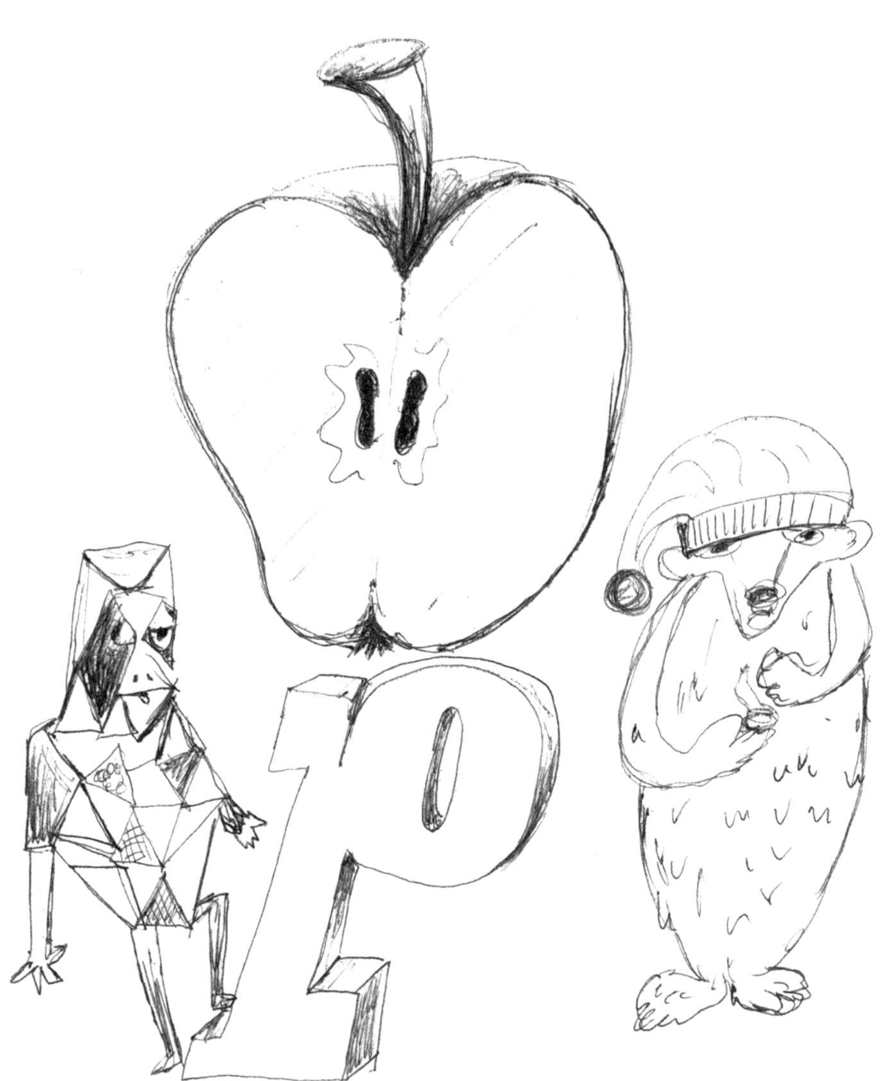
10

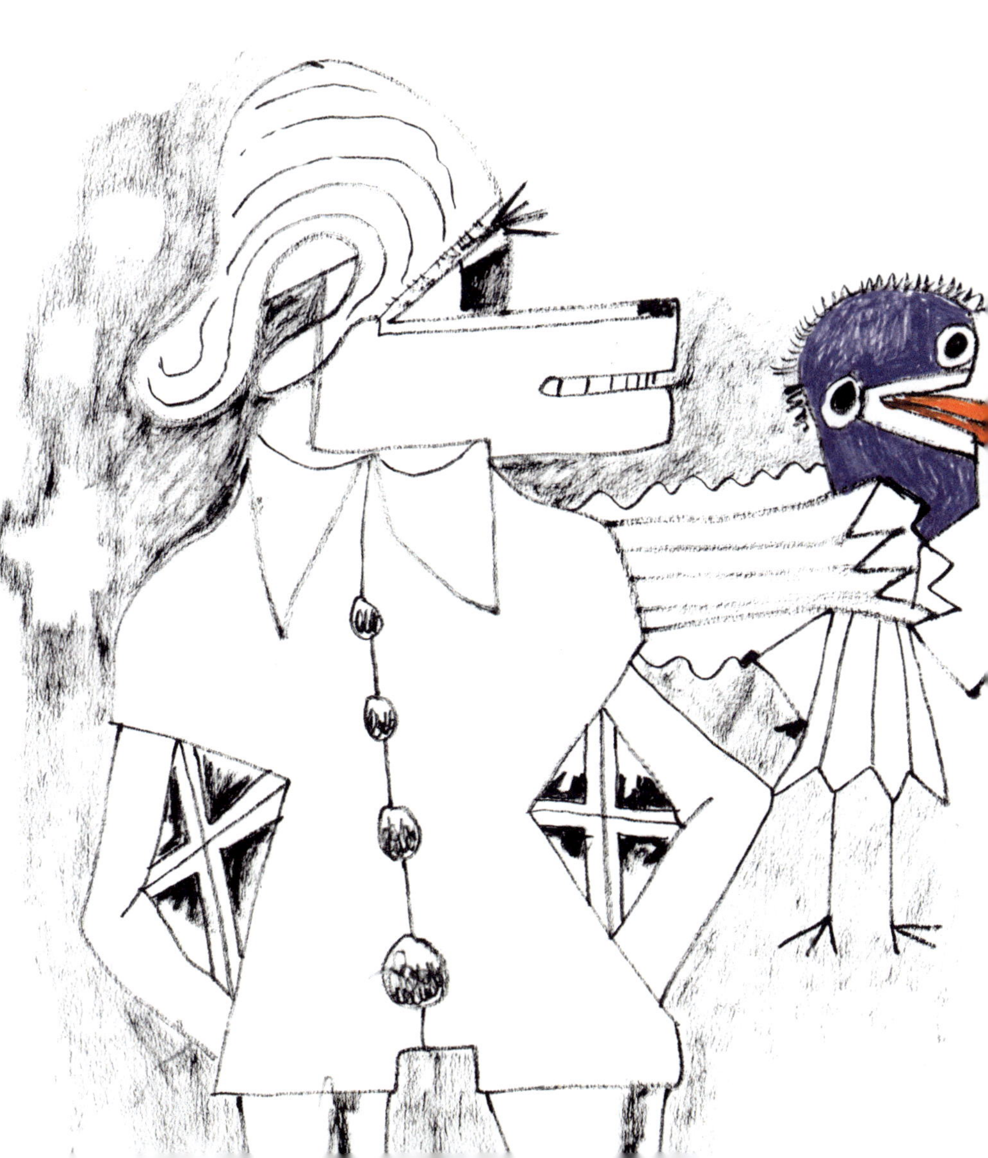

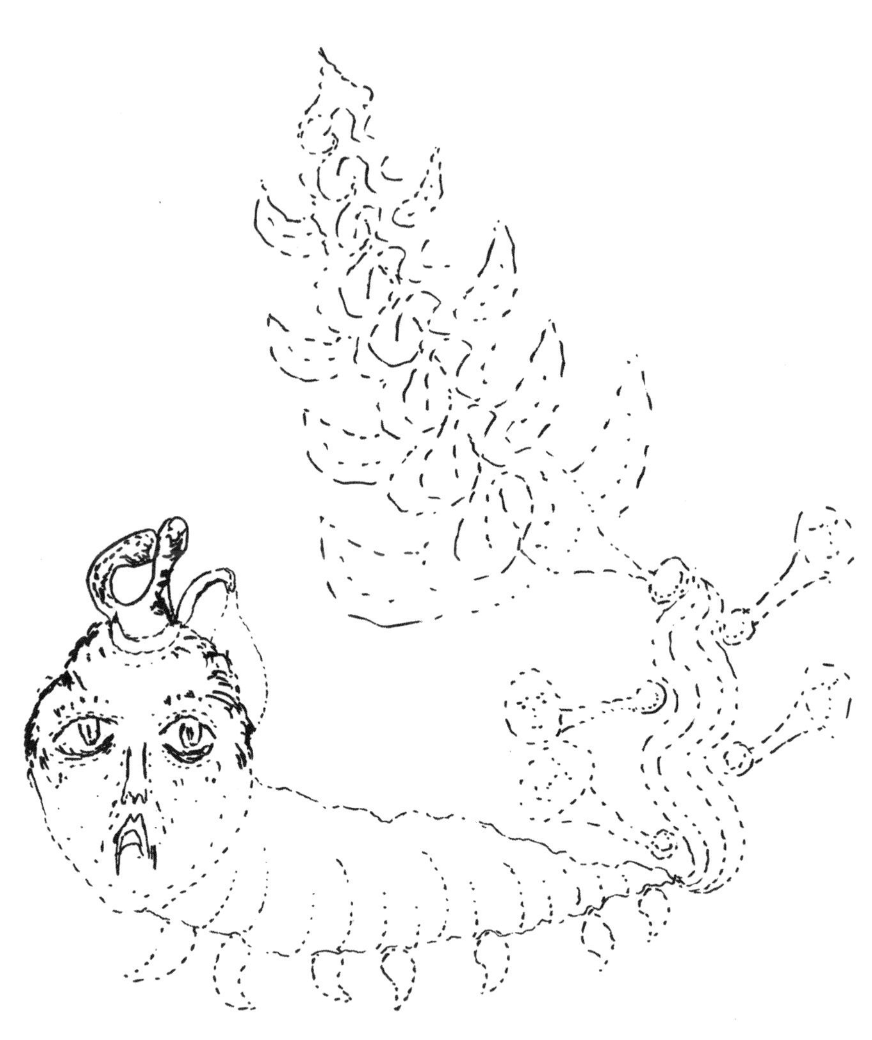

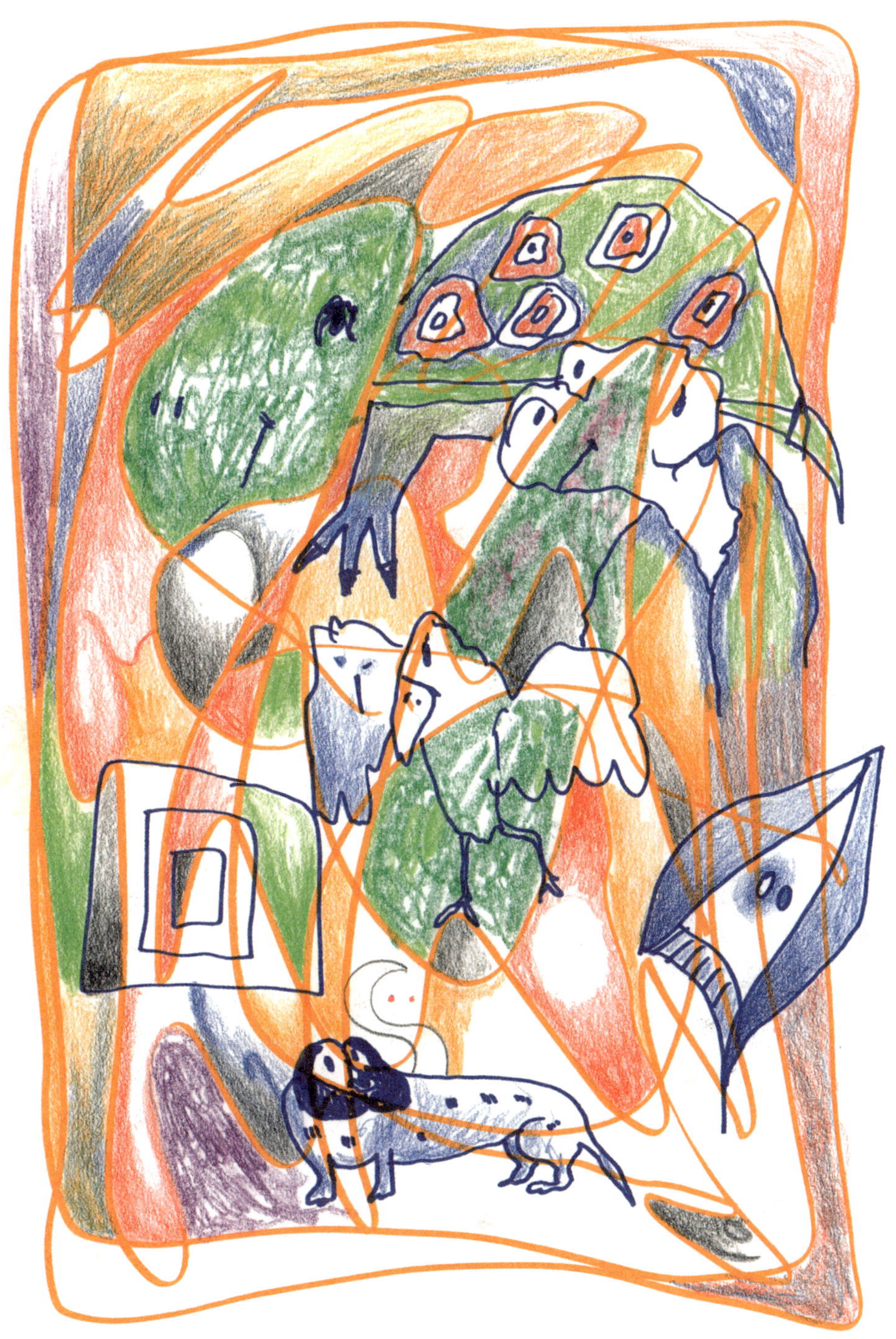

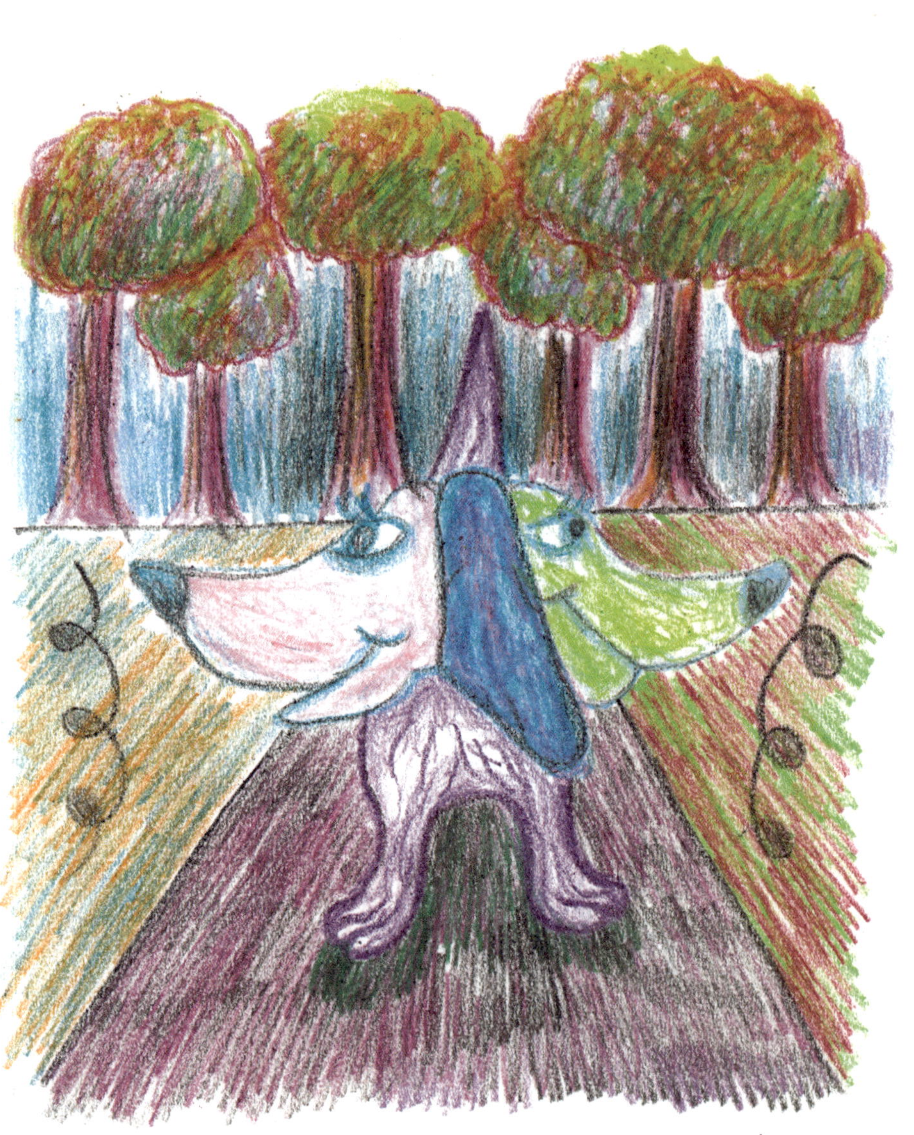

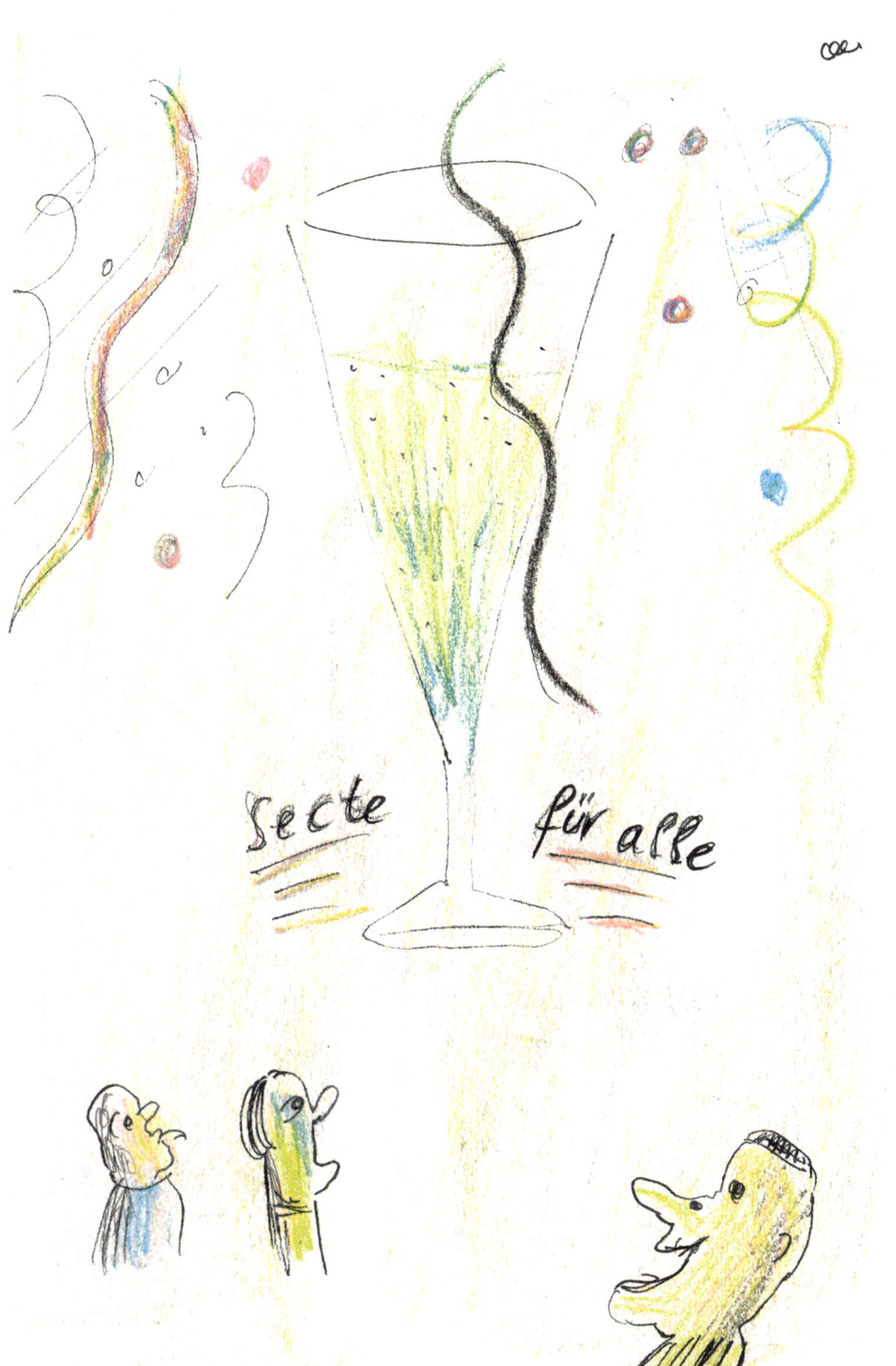
Secte
für alle

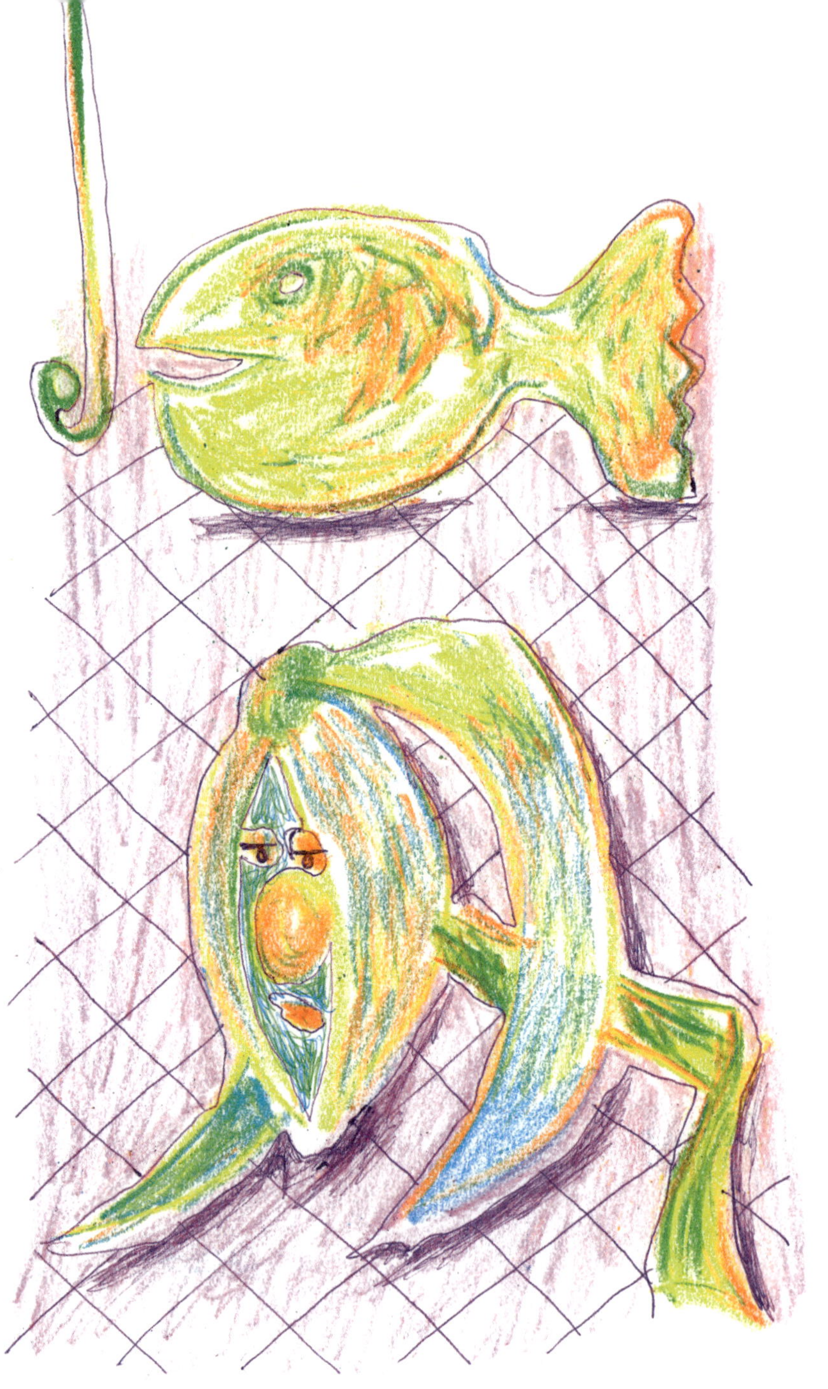

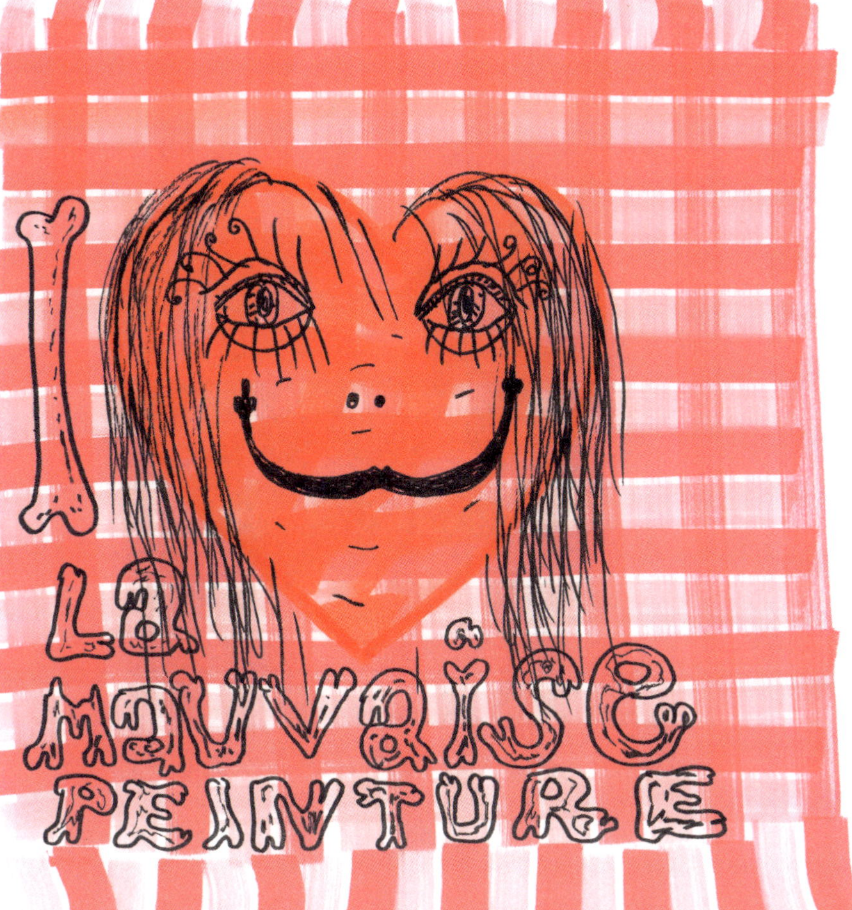
I
La
mauvaise
PEINTURE

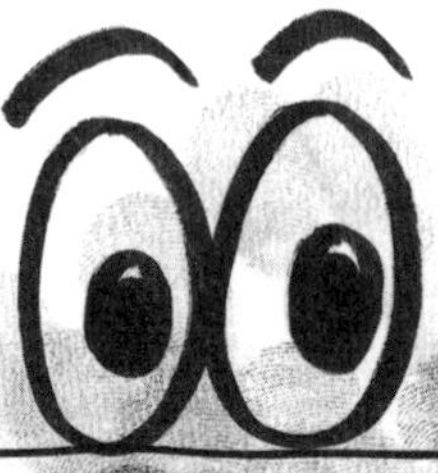
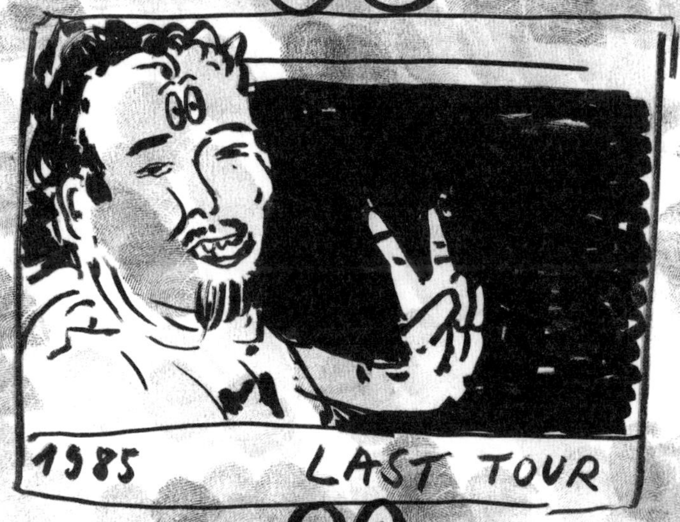
1985
LAST TOUR

Josse Bailly
I Love Wiener Dog

First Edition

In Collaboration with Smallville
www.smallville.ch

Thanks 💖: Sarah Haug, Monique Roulin, Carol Bailly, Benjamin Sommerhalder, Fabian Boschung, Camille Pellaux, Renaud Loda, Sebastian Verdon, Smallville Space, Nieves, James Pascale, Loterie Romande, 😱Punk, Sonic 🕸️Youth, Konstantin Sgouridis, Sébastien Maret, Catherine Monney, Hayan Kam Nakache, Tequel, Kristin Stein, Benjamin Terrier, Gaet's Gyver, Jonas Hermenjat, Guitar player, Kung Fu Band, Sara Petrucci, Zsuzsanna Szabo, Nolwenn Mégard, V.A.L., 💩Hiposhow, insta et la culture Pop, 👽!

Smallville is an independent contemporary art space founded in 2015 by Fabian Boschung, Renaud Loda, Camille Pellaux and Sebastian Verdon.

Smallville is supported in 2023 by the City of Neuchâtel, Loterie Romande and the Fondation Bonhôte pour l'art contemporain. This book is supported by the Canton of Geneva and the Loterie Romande.

Lithography by James Pascale

Published by Nieves
www.nieves.ch

ISBN 978-3-907179-75-8